Heiko Bellmann

Geheimnisvolle Pflanzengallen

Heiko Bellmann

Geheimnisvolle Pflanzengallen

Ein Bestimmungsbuch für Pflanzen- und Insektenfreunde

Quelle & Meyer Verlag Wiebelsheim

Bibliografische Information der Deutschen Nationalbibliothek
Die Deutsche Nationalbibliothek verzeichnet diese Publikation in der Deutschen Nationalbibliografie; detaillierte bibliografische Daten sind im Internet über http://dnb.d-nb.de abrufbar.

1. Auflage 2012

www.verlagsgemeinschaft.com

Fotos: Heiko Bellmann
Umschlagfotos: Heiko Bellmann
Druck und Verarbeitung: Bosch-Druck GmbH, Ergolding
Printed in Germany/Imprimé en Allemagne
ISBN 978-3-494-01482-1

Inhalt

Vorwort

Gallen sind Bildungen an Pflanzen, die unter dem Einfluss eines Gallerregers entstanden sind. Sie werden daher im Allgemeinen als krankhafte Wucherungen betrachtet, die es zu bekämpfen gilt. Sie stellen – bei etwas anderer Betrachtungsweise – zugleich aber auch Sonderbildungen, sozusagen eine eigene Welt von Erscheinungsbildern dar, die erst durch das Zusammenspiel beider Beteiligten möglich wurde. Das Ergebnis dieses Zusammenspiels sind normalerweise aber nicht etwa undefinierbare Geschwüre, sondern durchaus ästhetische und oft ganz sonderbare Bildungen, die erstaunlicher Weise bei gleicher Entstehungsweise einander sehr ähneln. Es ist somit in aller Regel möglich, den Verursacher einer Gallbildung anzusprechen, ohne ihn selbst vor sich zu haben. Bei der Vielzahl bekannter Gallen in Mitteleuropa (von hier sind einige tausend Formen bekannt) erscheint es allerdings zunächst einmal notwendig, eine gewisse Ordnung in die ganze Vielfalt zu bringen. Dies geschieht sinnvoller Weise zunächst einmal durch eine Vorsortierung nach den Pflanzengattungen, denn die meisten Gallen finden sich nur an Pflanzen einer ganz bestimmten Gattung, bisweilen sogar nur einer einzigen Art. In einigen Fällen, etwa bei den Doldengewächsen und Kreuzblütlern, erscheint aber eine Sortierung nach den Familien günstiger, da hier die meisten Gallen an Pflanzen verschiedener Gattungen zu finden sind. Die alphabethische Sortierung erfolgte bei diesem Buch jeweils nach den wissenschaftlichen Namen, da diese eindeutiger sind als die deutschen (so haben viele Gattungen mehrere deutsche Namen). Im Zweifelsfall hilft hier das Register weiter. Da damit einer Bestimmung der Gallen auch eine Grobbestimmung der Pflanzen vorauszugehen hat, sollte zusätzlich auch ein Buch für diesen Zweck vorhanden sein. Natürlich können in einem Bildbestimmungsbuch auf engem Raum nicht alle heimischen Pflanzengallen vorgestellt werden. Es wird daher besonders auf die im Literaturverzeichnis angeführten Bestimmungsbücher verwiesen. Standardwerk ist derzeit immer noch das längst vergriffene, zweibändige Werk von Buhr (1964), das über 7000 verschiedene Gallen in einem Bestimmungsschlüssel anführt, aber leider kaum illustriert ist. Sehr empfehlenswert ist das englische Gallenbuch von Redfern & Shirley (2002), das aber wegen seiner Beschränkung auf die Gallen in Großbritannien manche mitteleuropäische Art nicht anführt. Sehr aktuell und gut gemacht ist ferner das Werk von Roskam (2009), wenn auch hier die holländische Sprache für manchen Leser ein Problem darstellen wird. Aktuelle deutschsprachige Bestimmungsbücher sind derzeit leider nicht verfügbar. Daher soll dieses Buch wenigstens teilweise diese Lücke schließen. Vielleicht gelingt es auf diese Weise, der bei uns so lange vernachlässigten Gallenkunde neue Freunde zuzuführen. Diese so reizvolle Wissenschaft hätte es auf jeden Fall verdient.

Ich möchte mich bei vielen Freunden und Kollegen für Ihre Hilfe bedanken, ohne die dieses Buch nicht hätte entstehen können. Besonders hervorheben möchte ich Ralf Lauterbach (Boll) und Klaus Hellrigl (Brixen), die mir beim Auffinden vieler spektakulärer Gallen eine große Hilfe waren. Nicht vergessen möchte ich meine Ehefrau Reni, die oft die schönsten Gallen entdeckte, während ich gerade mit dem Fotografieren beschäftigt war. Schließlich bedanke ich mich ganz herzlich beim Leiter des Quelle & Meyer Verlages, Gerhard Stahl, für seine unendliche Geduld mit mir, nachdem sich die Fertigstellung des Manuskripts aus unterschiedlichsten Gründen immer wieder verzögert hatte.

Lonsee, im September 2011 Heiko Bellmann

Gallen und vergleichbare Bildungen an Pflanzen

Gallen sind Wachstumsreaktionen einer Pflanze, die durch einen fremden Organismus hervorgerufen werden. Dieses Wachstum ist zeitlich und räumlich begrenzt und führt je nach Wirt und Verursacher zu einer in aller Regel sehr charakteristischen Bildung, der Galle, die in den meisten Fällen sichere Rückschlüsse auf den Verursacher zulässt, ohne dass dieser selbst sichtbar ist. Das durch die Gallbildung veränderte oder neu gebildete Pflanzengewebe dient dem Gallbewohner als Nahrung. Zugleich bietet der Innenraum der Galle, in dem sich der Verursacher bzw. sein Nachwuchs in aller Regel aufhält, diesem einen sicheren Unterschlupf und damit einen Schutz vor möglichen Feinden.

Gallen können an allen Organen von Pflanzen auftreten, sofern diese Organe lebendes Gewebe enthalten, das zu einer Gallbildung angeregt werden kann. Sie treten daher auch an Pflanzen sehr unterschiedlicher Verwandtschaftskreise auf, auch z. B. an Pilzen, sind aber etwa an zweikeimblättrigen Pflanzen häufiger zu finden als an einkeimblättrigen. Vor allem an Algen und anderen niederen Pflanzen sind sie ausgesprochen selten. Manche Gallbildner bevorzugen mit ihren Arten ganz bestimmte Pflanzengruppen. So entwickelt sich beispielsweise die überwiegende Mehrzahl aller Gallwespenarten ausschließlich an Eichen. Dabei können die Wurzeln dieser Wirtspflanzen als Ansiedlungsort dienen, ebenso aber auch die Rinde des Stammes, Knospen an den Zweigen, Blätter, Blütenstände oder Früchte. Je nach Art der Gallerzeuger sind aber diese Orte in den meisten Fällen genau festgelegt.

Die Gallbildung an den Pflanzen erfolgt durch Reize, die von den Gallbildnern ausgehen. Dabei kann es sich einerseits um kleine Verletzungen an den sich teilenden Pflanzenzellen handeln, die zu einer Veränderung des Wachstums führen, andererseits um Wirkungen von Wuchsstoffen, die vom Gallbildner abgegeben werden. Diese Stoffe können bereits bei der Eiablage injiziert werden, was z. B. bei gallerzeugenden Blattwespen nachgewiesen wurde. Hier entwickelten sich die Gallen an den angestochenen Weidenblättern, auch wenn gleich nach der Eiablage die Eier wieder entfernt worden waren. Bei Gallwespen dagegen unterbleibt eine Gallbildung in einer entsprechenden Situation. Daher muss man davon ausgehen, dass hier die Abgabe der entscheidenden Wuchsstoffe erst durch die allmählich heranwachsende Wespenlarve erfolgt.

Außer Gallen gibt es verschiedene Naturerscheinungen, die man mit ihnen verwechseln könnte. Eine weit verbreitete derartige Erscheinung sind

Blattminen. Bei ihnen handelt es sich um Fraßgänge im Innern von Blättern, bei denen die oberste und unterste Blattschicht für längere Zeit ungetastet bleiben. Erst gegen Ende seiner Entwicklung verlässt der Erzeuger der Mine – in aller Regel ein Insekt – durch ein Loch an der Ober- oder Unterseite des Blattes. Dies kann noch während des Larvenstadiums erfolgen – dann findet die Verpuppung außerhalb der Mine statt – oder die Larve verpuppt sich im Endteil ihrer Mine, und diese wird erst durch das ausgewachsene Insekt verlassen. Allen Minenverursachern gemeinsam ist eine geringe Körpergröße, da die geringe Blattdicke nur derartigen Tieren einen ausreichenden Platz bietet. Zusätzlich sind diese kleinen Minenbewohner meist durch einen auffallend flachen Körperbau ausgezeichnet. Auch Minen kommen in der Regel nur an ganz bestimmten Wirtspflanzen vor und können je nach Art der Erzeuger sehr unterschiedlich aussehen. Auch sie eignen sich daher, ähnlich wie Pflanzengallen, in den meisten Fällen sehr gut für eine Bestimmung des Verursachers, ohne dass dieser selbst angetroffen wurde. Auch viele Minen stellen, wie viele Gallen, ausgesprochen dekorative Bildungen dar. Sie können in geschlängelten, allmählich sich verbreiternden Linien verlaufen und dabei einheitlich hell gefärbt sein (da die grün gefärbten, inneren Blattschichten gefressen wurden und die durchsichtige obere und untere Zell-

***Abb. 1 Blattmine der Minierfliege* Phytomyza xylostei *in einem Blatt des Wald-Geißblatts* (Lonicera xylosteum).**

***Abb. 2 Blattminen der Miniermotte* Phyllocnistis unipunctella *in Blättern der Zitterpappel* (Populus tremula).**

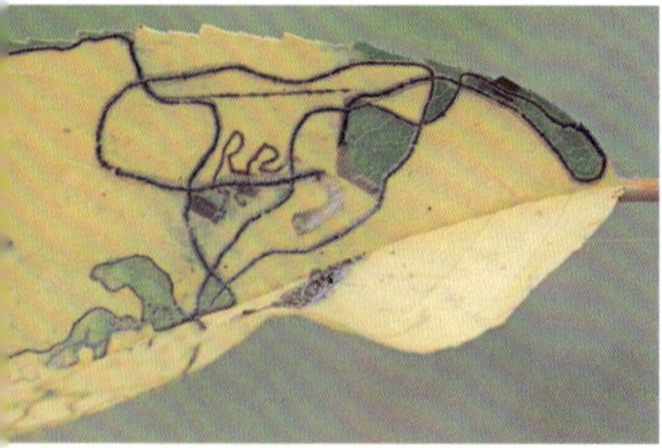

*Abb. 3 Blattminen der Langhorn-Kirschblattminiermotte (*Lyonetia clerkella*) in einem bereits herbstlich verfärbten Kirschblatt.*

*Abb. 4 Platzminen der Kastanien-Miniermotte (*Cameraria ochridella*) in einem Blatt der Rosskastanie (*Aesculus hippocastanum*).*

*Abb. 5 Blattrolle des Haselnuss-Blattrollers (*Apoderus coryli*).*

schicht stehen blieb) (**Abb. 1**). In ihnen kann aber z. B. auch der von der Larve abgegebene Kot eine feine, dunkle Mittellinie bilden (**Abb. 2**). Interessant ist das Bild der Minen bei der Langhorn-Kirschblattminiermotte (*Lyonetia clerkella*) (**Abb. 3**): Bei der herbstlichen Verfärbung des Blattes verhindern die zahlreichen Minen in einem Blatt dort, wo sie Teile der Blattfläche ringsum einschließen, dass der Baum das Blattgrün aus dieser Fläche zurückzieht. So bleibt es in diesen Bereichen grün, während es sich ansonsten gelb verfärbt. Eine andere Form von Blattminen sind Platzminen. Hier frisst die Larve eine zusammenhängende Fläche im Innern des Blattes. Ein sehr bekanntes Beispiel hierfür wären die in den letzten Jahren überall häufig gewordenen Platzminen der Kastanien-Miniermotte (*Cameraria ochridella*) in den Blättern von Rosskastanien, die schon bei vielen Biergartenbesitzern zu blankem Entsetzen geführt haben, neuerdings aber bereits vielerorts schon wieder seltener werden (**Abb. 4**). Der Übergang von Platzminen zu Gallen ist allerdings fließend. So sehen die Gallen mancher Gallmücken Minen täuschend ähnlich, da in ihnen nur geringe Veränderungen des Blattgewebes erfolgen. Beispiele hierfür wären etwa die Gallen von *Anisostephus betulinus* an Birken (S. 60) oder die von *Cystiphora taraxaci* an Löwenzahn (S. 266)

Mit Gallen verwechseln könnte man auch die oft kunstvollen

Figuren, die manche Insekten aus Blättern herstellen, um in diesen Gebilden ihre Brut heranzuziehen. Hierzu gehören etwa die Blattwickel der Blattroller, einer nahe mit den Rüsselkäfern verwandten Käferfamilie. Eine dieser Arten etwa, der Haselblattroller (*Apoderus coryli*), knickt zunächst ein Haselblatt entlang der Mittelrippe, klappt die eine Hälfte über die andere und rollt schließlich das Ganze zu einem Tönnchen zusammen, um darin Eier abzulegen (**Abb. 5**). Seine Larven fressen später das vertrocknende Blattgewebe.

Auch Eiablagen von manchen Insekten können mit Gallen verwechselt werden, wenn sie in Pflanzengewebe erfolgen und dieses dadurch Veränderungen erfährt. Ein markantes Beispiel hierfür ist die Eiablage der Weidenjungfer (*Lestes viridis*), einer besonders an Fischteichen häufigen Kleinlibelle. Die Art bohrt zur Eiablage mit ihrem Legebohrer in regelmäßigen Abständen Löcher in die Rinde von am Ufer wachsenden Bäumen und Sträuchern (besonders Weiden) und schiebt bei jedem Loch jeweils zwei Eier nach rechts und links unter die etwas angehobene Rinde der Zweige. Hierdurch entstehen paarig ausgebildete Hügel von etwa 2 mm Größe mit einem dazwischen liegenden Loch (**Abb. 6**). Da meist mehrere Libellenpaare die gleichen, günstig am Ufer liegenden Zweige aufsuchen, sind diese später oft über und über mit diesen merkwürdigen Bil-

***Abb. 6** Eiablagen der Weidenjungfer (*Lestes viridis*) in einem Weidenzweig.*

***Abb. 7** Oft sind günstig positionierte Weidenzweige dicht mit den Eiablagen der Weidenjungfer besetzt.*

*Abb. 8 Die kugelige Kermes-Schildlaus (***Kermes roboris***) lebt an Eichenzweigen und kann leicht mit einer Galle verwechselt werden.*

Abb. 9 Raupe der Sackträgermotte **Coleophora palliatella** *in ihrem Wohngehäuse auf einem Eichenblatt.*

Abb. 10 Die Raupe der Sackträgermotte **Coleophora vibicella** *frisst von ihrem Wohngehäuse aus in einer Platzmine an einem Ginsterblatt.*

dungen besetzt (**Abb. 7**). Die Eier überwintern in den Zweigen. Erst im Frühjahr schlüpfen die Larven, schieben sich durch das bei der Eiablage gebohrte Loch nach außen und lassen sich nach unten ins Wasser fallen. Da diese Eiablagen nicht in einer Nahrungsbeziehung zur Pflanze stehen, kann man auch hier nicht von einer Gallbildung sprechen.

Manche Insekten selbst könnte man für Gallen halten. In besonderem Maße gilt dies für Schildläuse, die als ausgewachsene Weibchen meist zu einem unbeweglichen, fremdartigen Gebilde abgewandelt sind, so dass sie durch nichts mehr an Insekten erinnern. Die bei vielen Arten sehr seltenen Männchen dagegen sind frei beweglich und normal geflügelt. Eine der am stärksten abgewandelten Arten ist die an Eichenzweigen sitzende Kermes-Schildlaus, deren Weibchen eine regelmäßige Kugelgestalt besitzen (**Abb. 8**).

Schließlich gibt es Insektenlarven mit sonderbaren Wohngehäusen, die an Gallen erinnern, etwa bei den Sackträgermotten, einer Familie unscheinbarer Kleinschmetterlinge. Ihre Raupen stellen aus einem besonderen Sekret, viele aber auch aus Pflanzenteilen, ein Gehäuse her, in dem sie Schutz finden (**Abb. 9, Abb. 10**). Dieses kann artweise sehr verschieden aussehen und wird normalerweise mit der Öffnung an einem Blatt festgesponnen. Auch zum Fressen bleibt es in dieser Position; die Raupe frisst sich nämlich ins Blatt hinein und stellt dort eine Platzmine her (**Abb. 10**). Nur zum von Zeit zu Zeit nötigen Ortswechsel muss sie ihren Vorkörper mit den Beinen aus der schützenden Behausung hervorstrecken.

Oft findet man an Blättern vor allem von Bäumen fleckige Verfärbungen, die durch Pilze hervorgerufen werden. Auch hierbei handelt es sich um keine Gallbildung, wie etwa beim Ahorn-Runzelschorf (*Rhytisma acerinum*) (**Abb. 11**). Dieser erzeugt auf Blättern verschiedener Ahorn-Arten rundliche, etwa 1 cm große, schwarze Flecke, die oft einen gelben Rand besitzen und sehr zahlreich auftreten können.

Eine weitere gallenähnliche Bildung an Bäumen ist Baumkrebs, der insbesondere bei Birken (**Abb. 12**) und Eichen zu sehr umfangreichen Wucherungen im Stammbereich führen kann. Dieses Wachstum ist aber zeitlich und örtlich nicht begrenzt, so dass man es auch nicht als Gallbildung werten kann.

Eine weitere auffallende Wachstumsreaktion, die man z. B. an Weiden, aber auch an vielen anderen Pflanzen finden kann, ist die Verbänderung. Bei ihr wurden die sich teilenden Zellen an den Triebspitzen dazu angeregt, sich bevorzugt in zwei Richtungen zu teilen. Hierdurch entstehen abgeflachte und verbreiterte Sprosse, die in der Regel mit einer beson-

***Abb. 11** Der Ahorn-Runzelschorf (*Rhytisma acerinum*) erzeugt auf Ahornblättern schwarz, oft gelb umrandete Flecke.*

***Abb. 12** Baumkrebs an einem Birkenstamm.*

***Abb. 13** Verbänderung an der Triebspitze einer Kanadischen Goldrute (*Solidago canadensis*).*

ders großen Zahl von Blättern besetzt sind (**Abb. 13**). Diese Bildungen sind zeitlich und räumlich nicht begrenzt und stehen auch in keiner ernährungsphysiologischen Beziehung zu einem fremden Organismus. Sie können daher ebenfalls nicht als Gallen betrachtet werden.

Gallen bildende Organismen

Pflanzengallen können durch Vertreter sehr verschiedener systematischer Gruppen verursacht werden, insbesondere durch Bakterien, Pilze, Blütenpflanzen, Nematoden, Milben und vor allem durch Insekten. Für die Bestimmung der Gallen kann es wichtig sein, außer der Wirtspflanze zumindest grob die systematische Zugehörigkeit des Gallerzeugers zu erkennen.

Bakterien

Eine Beschäftigung mit durch Bakterien hervorgerufenen Gallen ist recht schwierig, da einerseits die Gallerzeuger praktisch nicht sichtbar sind und andererseits ihre Gallen in vielen Fällen wenig charakteristische Merkmale aufweisen. So wundert es nicht, dass die Erreger selbst mancher gut bekannten Pflanzengalle, etwa der an Forsythienzweigen, bis heute nicht sicher identifiziert werden konnte (siehe S. 96). Eine besondere Schwierigkeit ergibt sich auch daraus, dass offensichtlich viele Gallen von Bakterien besiedelt werden, ohne dass diese die Ursache für deren Entstehung darstellen. Es gibt aber auch eine Reihe hinsichtlich ihrer Erreger gut ansprechbarer Bakteriengallen. Dazu zählen beispielsweise die Wurzelgallen an Erlen (S. 44) oder die oft an eine Walnuss erinnernden Zweiggallen an Weiden (S. 240). Ein typisches Merkmal der Bakteriengallen ist, dass sie normalerweise im Innern keine Hohlräume besitzen. Dies gilt allerdings auch für die meisten von Pilzen verursachten Gallen.

Pilze

Viele auffallende Gallbildungen werden durch Pilze hervorgerufen. Aus der zu den Niederen Pilzen zählenden Ordnung der Falschen Mehltaupilze (Peronosporales) führt z. B. der „Weiße Rost“ *Albugo candida* zu starken Verkrümmungen insbesondere beim Hirtentäschelkraut (*Capsella bursa-pastoris*) und überzieht ganze Sprosse und Blütenstände mit seinem weißen Sporenpulver (S. 62). Die Schlauchpilze (Ascomycetes) der Gattung *Taphrina* können sehr unterschiedliche Gallbildungen auslösen. Bei Birken erzeugen sie die bekannten „Hexenbesen“ (S. 56), an Pflaumen die

„Narrentaschen“ (S. 164) und an Weißdorn blasige, meist rot gefärbte Aufwölbungen der Blattfläche (S. 80). Die größte Vielfalt unter den von Pilzen hervorgerufenen Gallbildungen findet man bei Vertretern der Ständerpilze (Basidiomyceten). Als primitivere Vertreter dieser Gruppe gelten die Brandpilze wie etwa der Beulenbrand (*Ustilago maydis*), der an Mais schleimig-blasige Anschwellungen verursacht, die später zu grauem Sporenstaub zerfallen (S. 294). Sehr kompliziert ist der Entwicklungsweg vieler Rostpilze (Uredinales), die ebenfalls zu den Ständerpilzen gerechnet werden. Sie wechseln meist jeweils zwischen zwei verschiedenen Wirtsarten, auf denen sie teilweise unter Gallbildung, teilweise aber auch ohne eine solche jeweils ganz unterschiedliche Fruchtkörper mit verschiedenen Sporentypen produzieren. Ein typisches Beispiel wäre *Gymnosporangium clavariiforme*, eine Art, die an Wacholder Zweigverdickungen und gallertige Fruchtkörper entwickelt (S. 116), an der zweiten Wirtspflanze, dem Weißdorn, dagegen Verdickungen an ganz verschiedenen Organen mit pinselartig zerfaserten Sporenträgern ausbildet (S. 80). Interessante Gallbildungen treten auch bei den ebenfalls zu den Ständerpilzen zählenden *Exobasidium*-Arten auf. Sie erzeugen an verschiedenen Heidekrautgewächsen fleischige, meist rosa oder leuchtend rot gefärbte Verdickungen mit oft recht dekorativem Erscheinungsbild (S. 230 u. S. 284f).

Blütenpflanzen

Nur ganz wenige Blütenpflanzen kann man zu den Gallbildnern rechnen. Bei ihnen handelt es sich um Parasiten, die auf oder neben anderen Pflanzen wachsen und ihnen über spezielle Saugwurzeln Nährstoffe oder Stoffwechselprodukte entziehen. Die Wirtspflanzen bilden dabei oft eigenes Gewebe aus, das die Wurzeln des Parasiten umhüllt und so vielfach knollenartige Wucherungen entstehen lässt, die man als Gallen bezeichnen kann. Ein typisches Beispiel ist die Mistel (*Viscum album*), die auf den Zweigen verschiedener Bäume wächst und diesen über in die Wirtszweige versenkte Wurzeln den Leitbahnen Nährstoffe entnimmt (**Abb. 14**). Da sie aber

***Abb. 14** Mistel (*Viscum album*) an einem Apfelbaum (mit Gallbildung an der Ansatzstelle).*

mit ihren grünen Blättern ihre Assimilate selbst erzeugt, ist sie aber nur ein Halbschmarotzer, während Vollschmarotzer vollständig auf Kosten ihrer Wirte leben. An den Ansatzstellen der Misteln auf den Zweigen bilden die Bäume oft deutliche, knotige Verdickungen von etwa 10–20 cm Durchmesser aus. Diese werden hier allerdings nicht im Bestimmungsteil aufgeführt, da die Mistel auf zahlreichen verschiedenen Bäumen wächst und sich daher nicht einer bestimmten Gattung von Wirtsbäumen zuordnen lässt. Man unterscheidet allerdings mehrere Unterarten, die u.a. etwa auf Nadelbäume spezialisiert sein können. Eine besondere Art der Mistelgewächse, die Riemenblume oder Eichenmistel (*Loranthus europaeus*), ist weitgehend auf Eichen spezialisiert. Sie wird auf S. 168 vorgestellt.

Nematoden

Die Nematoden oder Fadenwürmer sind meist etwa 1–2 mm große, an beiden Körperenden zugespitzte Würmer, von denen einige Arten einfach gebaute Pflanzengallen erzeugen. Meist handelt es sich dabei um unspektakuläre Verdickungen unterirdischer Pflanzenorgane. Einige leben aber auch oberirdisch in Pflanzenstängeln, wie etwa die hier vorgestellte Art *Dilenchus dipsaci*, die an Habichtskraut für auffällige Verkrümmungen des Stängels sorgen kann (S. 110).

Milben

Aus der Gruppe der Spinnentiere sind nur Vertreter der Milben als Gallbildner bekannt. Als Verwandte der Spinnen besitzen sie normalerweise – im Unterschied zu den Insekten – vier Laufbeinpaare. Aber gerade die bei weitem artenreichste Gruppe gallbildender Spinnentiere, die Gallmilben, entsprechen hier nicht der Regel. Sie besitzen nur zwei Beinpaare. Außer ihnen sind nur sehr wenige weitere Milben als Gallbildner bekannt geworden.

Gallmilben

Die bei uns mit etwa 250 Arten verbreiteten Gallmilben gehören mit nur 0,1–0,2 mm Körperlänge zu den kleinsten Gliederfüßern. Außer der schon erwähnten Reduktion ihrer Laufbeine auf nur zwei Paare sind sie durch einen wurmartig schmalen Körper ausgezeichnet, bei dem die einzelnen Segmente des Hinterkörpers durch eine sekundäre Ringelung in eine Vielzahl schmaler Ringe untergliedert sind. Angesichts der geringen Körpergröße erscheinen die von ihnen hervorgerufenen Gallen oft ausgesprochen spektakulär und sind manchmal schon auf größere Entfernung zu erkennen. Die Art *Aceria fraxinivora* etwa verwandelt Teile der Blüten- und Fruchtstände von Eschen in oft mehrere cm große, klumpige Gebilde, die jahrweise außerordentlich häufig auftreten können (S. 98). Eine weitere, fast das ganze Jahr hindurch (auch im Winter) leicht auffindbare Gallmilbe ist *Phytoptus avellanae*, die in deutlich verdickten Blattknospen von Haselsträuchern lebt. Trotz ihrer winzigen Größe von nur etwa 0,2 mm kann man in der aufgeschnittenen Knospe bereits bei etwa zehnfacher Vergrößerung schon gut die weißen, wurmförmigen Tiere erkennen (**Abb. 15**). Andere Arten erzeugen streng spezifisch bei bestimmten Holzgewächsen kugelige, stiftförmige oder hornartige, innen hohle Anschwellungen. Wieder andere bewirken silbrige, filzartig dichte Haarbildungen, wie etwa *Aceria nervisequus* entlang der Nerven auf der Oberseite oder zwischen den Nerven auf der Unterseite von Buchenblättern (S. 90). Schließlich erzeugen verschiedene Gallmilben Randrollungen an Blättern, so *Acalitus stenaspis* an Buchenblättern (S. 90) und *Eriophyes convolvens* an Blättern vom Pfaffenhütchen (S. 86). Auch an krautigen Pflanzen kommen viele verschiedene Gallmilben vor.

Abb. 15 Gallmilben (*Phytoptus avellanae*) in einer aufgeschnittenen Haselknospe.

Sonstige Milben

Von den wenigen sonstigen gallbildenden Milbenarten kann hier nur die Laufmilbe *Steneotarsonemus phragmitidis* vorgestellt werden. Sie besitzt, wie bei den Milben üblich, vier Laufbeinpaare und erzeugt an Schilfrohr etwas „unordentlich" wirkende Gallen aus verknickten und faltig zusammen geschobenen Triebspitzen der Wirtspflanze (S. 130).

Insekten

Die weitaus meisten Pflanzengallen werden durch Insekten hervorgerufen. Sowohl Insekten mit unvollständiger Verwandlung oder Metamorphose (hemimetabole Insekten) als auch solche mit vollständiger Verwandlung (holometabole Insekten), also Arten, die außer einem Larven- auch ein Puppenstadium besitzen, sind als Gallbildner bekannt.

Schnabelkerfe

In der arten- und formenreichen Gruppe werden hemimetabole Insekten mit einem Saugrüssel zusammengefasst. Sie können mit ihren Mundwerkzeugen nur saugen, nicht dagegen beißen. Dies ist für Gallbewohner insofern von Bedeutung, als dass sie nur überleben können, wenn entweder ihre Gallen nicht vollständig geschlossen sind oder die Gallen sich bei der Reife von selbst öffnen. Aus dieser Gruppe werden hier Vertreter der Wanzen, der Blattläuse, der Blattflöhe und der Schildläuse vorgestellt.

Wanzen

Nur sehr wenige Wanzen sind als Gallbildner bekannt. In Mitteleuropa werden typische Gallen nur von zwei Netzwanzenarten (Familie Tingidae) hervorgerufen, die beide an *Teucrium*-Arten (Gamander) leben (siehe S. 268). Die ausgewachsen nur etwa 3 mm großen Tiere gehören mit ihrem faszinierenden, fast die ganze Oberseite ihres Körpers bedeckenden Netzmuster aus zahlreichen winzigen Maschen zu den schönsten heimischen Wanzenarten (**Abb. 16**). Die Tiere entwickeln sich in den stark angeschwollenen Blütenknospen ihrer Wirtspflanzen. Diese sind am oberen Ende nicht vollständig geschlossen, so dass sie von ihren Bewohnern am Ende der Entwicklung verlassen werden können.

***Abb. 16 Die Netzwanze* Copium clavicorne *erzeugt Gallen am Echten Gamander (*Teucrium chamaedrys*).**

Blattläuse

Unter den Blattläusen gibt es eine große Zahl gallerzeugender Arten. Außer solchen, die an Blättern mehr oder weniger angeschwollene, auf der Unterseite etwas ausgehöhlte Verkräuselungen verursachen, rufen einige sehr charakteristische und z. T. kompliziert gebaute Gallen meist an ganz bestimmten Wirtsarten, vor allem an bestimmten Bäumen, hervor. Besonders spektakulär sind solche Bildungen an den Gattungen *Picea* (Fichte), *Populus* (Pappel) und *Ulmus* (Ulme), im Mittelmeergebiet außerdem an *Pistacia* (Pistazie). Die an diesen Wirten lebenden Blattläuse haben in den meisten Fällen einen sehr komplizierten Entwicklungsgang, in aller Regel verbunden mit einem obligatorischen Wirtspflanzenwechsel. Die Entwicklung beginnt mit der aus einem befruchteten und am Primärwirt überwinterten Ei, aus dem die ungeflügelte Stammmutter schlüpft. Diese bringt parthenogenetisch, also durch Jungfernzeugung, zahlreiche flügellose Nachkommen hervor, die meist lebend geboren werden, aber auch aus Eiern schlüpfen können und durch ihre Saugtätigkeit die Gallbildung an der Wirtspflanze bewirken. Sie können weitere flügellose Nachfolgegenerationen erzeugen, bis schließlich im Frühsommer oder Hochsommer eine geflügelte Generation entsteht. Zur gleichen Zeit beginnt die Galle an einer oder mehreren Stellen aufzuplatzen, so dass sie von den geflügelten Läusen verlassen werden kann. Diese Wanderstadien begeben sich nun zum Sekundärwirt, bei dem es sich – je nach Blattlausart – um eine andere Baumart, aber auch um bestimmte Kräuter oder Gräser handeln kann. Dort gebären sie wiederum ungeflügelte Nachkommen, die teilweise oberirdisch, teilweise unterirdisch am Sekundärwirt saugen, meist ohne dort eine typische Gallbildung zu verursachen. Es kann aber z. B. zu Verkrüppelungen bestimmter Teile der Wirtspflanze kommen, wie etwa bei der am Primärwirt Fichte die bekannten „Ananas"-Gallen hervorrufende *Adelges viridis* an ihrem Sekundärwirt Lärche (**Abb. 17**, siehe auch S. 134). Auch am Sekundärwirt kommt es, oft nach weiteren Generationen ungeflügelter Nachkommen, zu geflügelten Blattläusen, die wieder zum Primärwirt zurückwandern. Sie bringen dort eine weitere wiederum ungeflügelte Generation hervor, die ihrerseits – zum ersten Mal im gesamten Entwicklungszyklus – Geschlechtstiere gebärt. Die Weibchen legen schließlich nach der Paarung oft nur ein einziges überwinterndes Ei ab. Damit beginnt der gesamte Zyklus wieder von vorn. Er kann sich – je nach Art – über ein oder zwei Jahre erstrecken.

***Abb. 17** Die Grüne Fichtengallenlaus* (**Adelges viridis**) *erzeugt am ihrem Sekundärwirt, der Europäischen Lärche* (**Larix decidua**) *Verkrümmungen der Nadeln.*

Blattflöhe

Die Blattflöhe gehören in die nähere Verwandtschaft der Blattläuse, haben aber ähnlich wie die meisten Zikaden ein gut entwickeltes Sprungvermögen. Auch mit ihren dachförmig getragenen Flügeln erinnern sie im Erscheinungsbild sehr an diese meist deutlich größeren Pflanzensauger. Auch sie entwickeln sich oft in typischen Pflanzengallen. Ihre Gallen sind nicht vollständig verschlossen, oder sie öffnen sich am Ende der Larvalentwicklung durch einen Spalt. Oft stellen sie aber auch nur einfache, bucklige Emporwölbungen an Pflanzenblättern dar, an deren Unterseite sich die Tiere aufhalten. Bei vielen Arten produzieren die Larven weiße, oft stabförmige Wachsausscheidungen, die ihren Körper als dichter Kranz umgeben können und vermutlich einen palisadenartigen Schutz gegenüber Fressfeinden darstellen. Dennoch haben auch sie ihre speziellen Fressfeinde. So gibt es Wanzen, die gezielt in bestimmte Blattflohgallen eindringen, um die darin lebenden Blattflohlarven zu erbeuten (siehe S. 98).

Schildläuse

Schildläuse gehören eigentlich nicht zu den typischen Gallerzeugern. Abgesehen davon, dass man die meist unbeweglichen Weibchen manchmal mit Gallen verwechseln könnte (siehe S. 12), produzieren einige Wirtspflanzen um die saugenden Läuse herum wallartige Wucherungen, die man durchaus als Gallen bezeichnen kann. Als Beispiel werden die an Eichen lebenden Schildläuse der Gattung *Asterodiaspis* vorgestellt (S. 170).

Käfer

Die sehr artenreiche Insektenordnung der Käfer hat nur wenige typische Gallbildner aufzuweisen. In den meisten Fällen handelt es sich um unspektakuläre Anschwellungen von Zweigen, wie sie etwa durch viele Bockkäfer oder Prachtkäfer hervorgerufen werden. Ein Beispiel hierfür ist der auf S. 158 vorgestellte Kleine Pappelbock (*Saperda populnea*), der mit seiner interessanten Nagefigur vor der Eiablage und der daraus folgenden Gewebswucherung am Wirtsbaum eine Besonderheit unter den Käfern darstellt. Recht typische und spektakuläre Gallen werden von einigen Rüsselkäfern verursacht, etwa die spindelförmigen Gallen an den blattlosen Trieben von *Cuscuta*-Arten (Teufelsseide) (S. 82), die knolligen Wurzelgallen an *Linaria* (Leinkraut) (S. 118) oder die zu fleischigen Kugeln umgewandelten Knospen aquatischer *Veronica*-Arten (Ehrenpreis) (S. 288). Entsprechend der geringen Ausmaße der entsprechenden Pflanzenorgane handelt es sich bei diesen Rüsselkäfern fast ausnahmslos um recht kleine Arten von kaum mehr als 2–3 mm Körperlänge. Es gehört daher schon etwas Glück dazu, sie auf ihren Wirtspflanzen zu entdecken. Offenbar dient auch den erwachsenen Käfern zumindest teilweise das Gallengewebe als Nahrungsgrundlage (**Abb. 18**).

Abb. 18** **Der nur 2–3 mm große Rüsselkäfer **Gymnetron villosum** ***entwickelt sich in kugeligen Gallen am Ehrenpreis-Arten, die im Wasser wachsen.***

Schmetterlinge

Auch unter den Schmetterlingen gibt es nur wenige Gallerzeuger. Es handelt sich dabei ausschließlich um Vertreter der sogenannten Kleinschmetterlinge und damit um Schmetterlinge, die in aller Regel ziemlich klein und unscheinbar gefärbt sind und die eine eher versteckte, meist nächtliche Lebensweise führen. Meist führt ihre Fraßtätigkeit im Innern der Pflanzen zu einer manchmal kaum wahrnehmbaren Verdickung der Triebe, wie etwa bei der Raupe des Federgeistchens *Pterotopteryx dodecadactyla* (**Abb. 19**). Dennoch können auch diese Arten oft mit geradezu spektakulären Erscheinungsformen aufwarten (siehe S. 122). Etwas aus dem Rahmen fallen auch die sehr interessanten Gallbildungen beim Kiefern-Harzgallenwickler (*Retinia resinella*) (S. 138) und bei der Eichentriebmotte *(Stenolechia gemmella)* (S. 174).

Zweiflügler

Die Zweiflügler, also die Fliegen und Mücken, stellen neben den Käfern und Hautflüglern die artenreichste Insektenordnung dar. Zu ihnen gehören auch ziemliche viele Gallerzeuger; unter den Fliegen sind es dabei vergleichsweise wenige Vertreter einiger verschiedener Familien, während unter den Mücken die Familie der Gallmücken die artenreichste Gruppe aller Gallbildner darstellt.

Fliegen

Einige typische Gallerzeuger gehören zur Familie der Frucht- und Bohrfliegen (Trypetidae). Ihre Vertreter sind meist durch auffällig bunt gescheckte Flügelzeichnungen ausgezeichnet, die von den Männchen als Signalgeber bei der Balz, aber auch zur Abwehr von Konkurrenten ein-

Abb. 19** Die Raupe des Federgeistchens* **Pterotopteryx dodecadactyla** *entwickelt sich in Zweiganschwellungen des Wald-Geißblatts (Lonicera xylosteum***).*

Abb. 20** Die Distel-Bohrfliege (Urophora cardui***) besitzt wie viele Bohrfliegen auffallend bunt gefärbte Augen.*

gesetzt werden. Außer einigen bedeutenden Schädlingen wie etwa der Kirschfruchtfliege (*Rhagoletis cerasi*) zählen hierzu verschiedene Arten, die sich in Stängelgallen oder Blütenkopfgallen z.B. an Disteln entwickeln (S. 72). Außer ihrer markanten Flügelzeichnung besitzen sie, wie die meisten Bohrfliegen, sehr bunt gezeichnete Augen (**Abb. 20**). Die Männchen besetzen die Blütenköpfe der Disteln und verteidigen ihr Revier gegenüber gleichgeschlechtlichen Artgenossen. Weibchen dagegen sind jederzeit willkommen. Diese versenken mit ihrem gut entwickelten Legebohrer die Eier – je nach Art – entweder in eine Distelblüte oder in den Stängel, wo sich dann später das ausgesprochen harte Gallengewebe entwickelt. Eine andere hier vorgestellte Art entwickelt sich in Wurzelgallen an Schafgarbe (S. 42). Sehr eigenartige Bildungen stellen auch die zitzenförmigen Gallen an den Fruchtkörpern des Flachen Lackporlings (*Ganoderma applanatum*) dar, die von den Larven der Rollfliege *Agathomyia wankowiczii* hervorgerufen werden (S. 104). Sehr auffallend sind außerdem die Zigarrengallen der Halmfliege *Lipara lucens*, die regelmäßig an Schilfrohrstängeln (*Phragmites communis*) zu finden sind (S. 130). Sie dienen nicht nur den Gallerzeugern als Entwicklungsort, sondern finden auch später großen Zuspruch bei in ihnen nistenden Bienen und Wespen.

Gallmücken

Mit über 800 heimischen Arten stellt diese Familie die größte Gruppe innerhalb der Gallerzeuger dar. Allerdings sind bei weitem nicht alle Arten auch tatsächlich Verursacher von Gallbildungen. Viele von ihnen siedeln sich in bereits vorhandenen Gallen als Einsiedler oder Inquilinen an, andere führen eine vollkommen andere Lebensweise, indem sie als Larven Blattläuse jagen. Die meisten von ihnen erreichen als ausgewachsenes Insekt eine Größe von gerade einmal 2–3 mm, nur wenige, wie etwa die Buchengallmücke *Mikiola fagi*, können 5 mm Körperlänge erreichen (**Abb. 21**). Sie fliegt bereits an den ersten warmen Frühlingstagen umher und kann, anders als die meisten Gallmückenarten, an ihrer Größe und charakteristischen Färbung leicht erkannt werden. Ihr Hinterkörper ist leuchtend rot, ähnlich wie bei einer Stechmücke, die kurz zuvor Blut gesaugt hat. Sie kann aber, ganz im Gegensatz zu dieser, nicht stechen, da ihre Mundwerkzeuge verkümmert sind. Während sich mit dieser weit verbreiteten und leicht kenntlichen Art schon verschiedene Forscher beschäftigt haben, wissen wir über die Lebensweise

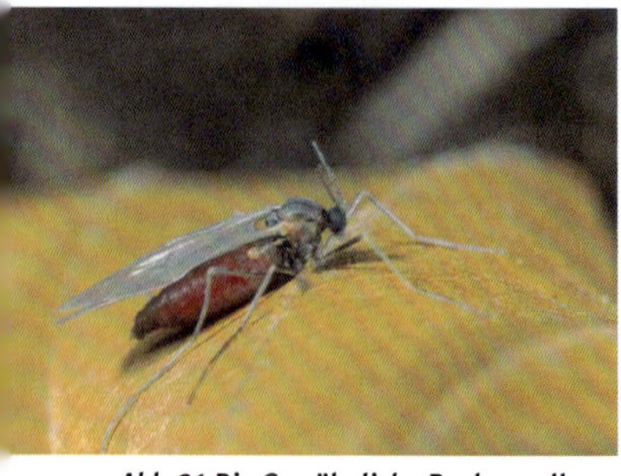

***Abb. 21** Die Gewöhnliche Buchengallmücke (Mikiola fagi) ist gut an ihrem roten Hinterleib zu erkennen.*

der meisten übrigen Arten sehr wenig; auch die Arten an sich sind derzeit vielfach noch völlig unzureichend bekannt. Hier würde sich noch ein weites Betätigungsfeld für Freizeitforscher anbieten.

Hautflügler

Auch die artenreiche Ordnung der Hautflügler, also die als Bienen, Wespen und Ameisen bekannten Insekten, stellt eine größere Zahl von Gallbildnern. Die meisten von ihnen gehören zu den Blattwespen und Gallwespen. Auch einige, hier nicht näher vorgestellte Vertreter der Erzwespen (Chalcidoidea), insbesondere solche aus der sonst überwiegend parasitisch lebenden Familie Eurytomidae, sind als Gallbildner bekannt. Sie erzeugen vor allem Stängelgallen an Gräsern.

Blattwespen

Die Blattwespen (Familie Tenthredinidae) besitzen als primitive Vertreter der Hautflügler keine Wespentaille; ihnen fehlt somit die Einschnürung im vorderen Teil des Hinterleibs anderer Wespen. Als Gallbildner bekannt sind vor allem die Arten der Gattung *Pontania*. Sie rufen streng wirtsspezifisch jeweils an meist nur einer einzigen Weidenart blasenförmige Blattgallen hervor (S. 250 ff). Die Arten der nahe verwandten Gattung *Phyllocolpa* (**Abb. 22**) erzeugen dagegen sehr einfache Gallen an den Rändern von Weidenblättern, die aus dem einfach umgeschlagenen oder etwas gerollten Blattrand bestehen (S. 248). Von den übrigen gallerzeugenden Blattwespen sei noch auf *Hoplocampoides xylostei* hingewiesen, die an den jungen Zweigen des Geißblatts sehr auffallende, stark an Radieschen erinnernde Anschwellungen hervorruft (S. 120).

***Abb.22** Die etwa 4 mm großen Blattwespen der Gattung* **Phyllocolpa** *entwickeln sich in Randrollen von Weidenblättern.*

Gallwespen

Die bekanntesten Gallbildner sind zweifellos die Gallwespen. Von den etwa 100 heimischen Arten sind aber nur etwa 80 auch tatsächlich Gallbildner. Die übrigen entwickeln sich als Einmieter in Gallen anderer Gallwespen. Nur wenige Gallwespen erzeugen Gallen an Kräutern, etwa *Liposthenes glechomae* behaarte, bis 2 cm große Kugeln an Blättern von *Glechoma hederacea* (S. 108)und *Aylax papaveris* unregelmäßige Schwellungen im Innern von Mohnkapseln (*Papaver rhoeas*) (S. 128). Die 6 Arten der Gattung *Diplolepis* rufen an Rosen Gallen hervor. Am bekanntesten sind dabei die bis etwa 5 cm großen, mit verzweigten, haarigen Fortsätzen ausgestatteten „Schlafäpfel“ oder Bedeguare von *D. rosae* an Rosenzweigen (S. 236). Etwa die Hälfte aller heimischen Gallwespen entwickelt sich in Eichengallen. Diese findet man in höchst verschiedenen, z. T. geradezu abenteuerlichen Formen an fast allen Teilen der Wirtspflanze. Sehr erstaunlich ist auch der höchst komplizierte Generationswechsel der Eichengallwespen, der erst vor etwa 130 Jahren in Nordamerika entdeckt wurde und sich später auch bei unseren Arten bestätigen ließ. Alle heimischen Eichengallwespen bringen, soweit man bisher weiß, zwei verschiedene Generationen hervor, von denen sich jeweils die eine zweigeschlechtlich (bisexuell) vermehrt, die andere dagegen nur aus Weibchen besteht, die sich durch Jungfernzeugung (Parthenogenese) fortpflanzen. In der Literatur werden diese beiden Generation oft auch als ungeschlechtlich (agam) bzw. geschlechtlich (sexuell) bezeichnet. Diese Bezeichnungen sind hier aber unkorrekt, da es sich bei der Parthenogenese ebenfalls um einen Geschlechtsvorgang handelt. Die Form des regelmäßigen Wechsels von bisexueller und parthenogenetischer Vermehrungsweise ist als Heterogonie bekannt. Die Wespen der beiden Generationen sehen meist deutlich verschieden aus und entwickeln sich grundsätzlich in ganz verschiedenen Gallen. So können die Tiere der einen Generation geflügelt, die der anderen ungeflügelt sein. Die Gallen der einen Generation können beispielsweise an Eichenwurzeln sitzen, die der anderen an Zweigen, Blättern oder Knospen. Einige Arten wechseln sogar von Generation zu Generationen die Wirtsbaumart, indem sie sich etwa in der zweigeschlechtlichen Generation nur an der Zerreiche, in der eingeschlechtlichen dagegen an der Stieleiche entwickeln. Sie können daher nur dort vorkommen, wo beide Wirtsbäume in nicht zu großer Entfernung voneinander wachsen. Ein Beispiel hierfür ist *Andricus quercuscalicis*, die Knopperngallwespe (S. 194). Die parthenogenetische Generation entwickelt sich in sehr auffälligen, mit Längsrippen ausgezeichneten Gallen am Fruchtbecher der Stieleiche, die bisexuelle Generation dagegen in nur 1–2 mm großen Gallen an den männlichen Blütenständen der Zerreiche. Auch bei vielen anderen Eichengallwespen sind die Gallen einer (meist der bisexuellen) Generation winzig klein oder entwickeln sich an sehr verborgenen Stellen. So war es in vielen Fällen recht schwierig, diese Zusammenhänge aufzuklären, und es wundert auch nicht, dass in allen diesen Fällen die 2 verschiede-

Abb. 23 Im Winter kann man die parthenogenetischen Weibchen von Biorhiza pallida oft über den Schnee laufen sehen.

nen Generationen ursprünglich für verschiedene Arten gehalten und auch als solche beschrieben wurden. Teilweise wurden sie sogar verschiedenen Gattungen zugeordnet. Bis heute kennt man von vielen Arten nur einen Gallentyp und damit nur einen Fortpflanzungsmodus. In diesen Fällen kann sich die andere Generation unter einer scheinbar anderen Art verbergen, oder aber die Galle und mit ihr die Wespe der anderen Generation wurde bisher noch nicht entdeckt. Es wäre aber auch denkbar, dass einige, möglicherweise sogar alle bisher nur in einem Gallentyp bekannten Eichengallwespen tatsächlich nur in einem Fortpflanzungsmodus vorkommen, sich also ausschließlich zweigeschlechtlich oder durch Jungfernzeugung vermehren. Ein solcher Fall ist aber bisher nicht sicher bekannt. Zur eindeutigen Klärung dieser Frage wären sehr aufwändige Zuchtversuche notwendig. Merkwürdig ist auch, dass sich in Mitteleuropa ansonsten nur die einzige an einem anderen Baum lebende Gallwespe, die an den Bergahorn gebundene *Pediaspis aceris*, wie die Eichengallwespen über zwei verschiedene Generationen (zweigeschlechtlich und parthenogenetisch) fortpflanzt. Alle übrigen Gallwespen haben nur einen Fortpflanzungstyp, in der Regel den zweigeschlechtlichen. Zur Beobachtung des komplizierten Entwicklungsganges eignet sich besonders die Eichen-Schwammgallwespe (*Biorhiza pallida*). Regelmäßig kann man mitten im Winter (vor allem im Dezember und Januar) ihre parthenogenetischen, flügellosen und damit an Ameisen erinnernden Weibchen über den

Abb. 24 Die Eier werden im Dezember oder Januar in Eichenknospen abgelegt.

Abb. 25 Die schwammigen Zweiggallen der bisexuellen Generation erinnern etwas an Kartoffeln.

Abb. 26 Die Wespen der bisexuellen Generation sind meist normal geflügelt.

***Abb. 27** Die parthenogenetische Generation entwickelt sich in knollenartigen Gallen an Eichenwurzeln.*

Schnee laufen sehen (**Abb. 23**). Sie haben sich aus knollenförmigen Wurzelgallen an Eichen zur Erdoberfläche emporgearbeitet und streben nun Eichstämmen zu, um dort zu den Zweigspitzen zu wandern und ihre Eier mit dem Legebohrer in die Knospen zu versenken (**Abb. 24**). Bis zum Frühjahr schlüpfen die Wespenlarven, und die Knospen entwickeln sich unter ihrem Einfluss in wenigen Wochen zu den weithin sichtbaren Schwammgallen (**Abb. 25**). Aus ihnen schlüpft im Juni oder Juli eine Generation aus geflügelten Männchen und Weibchen (**Abb. 26**). Diese paaren sich, und anschließend graben sich die Weibchen in den Erdboden hinab, um dort ihre Eier in Eichenwurzeln abzulegen. Aus diesen Eiablagen entwickeln die Wurzelgallen, (**Abb. 27**), aus denen wiederum, aber erst nach eineinhalb Jahren, die flügellosen Weibchen der parthenogenetischen Generation schlüpfen.

Parasiten

Die gallbildenden Insekten sind zahlreichen parasitischen Insektenarten ausgesetzt, also anderen Insekten, die an ihnen schmarotzen. Hierzu zählen vor allem verschiedene Wespen aus der sehr artenreichen Überfamilie der Erzwespen (Chalcidoidea), insbesondere verschiedene Arten der Torymidae. Die meist auffällig metallisch gefärbten Tiere besitzen als Weibchen einen oft mehr als körperlangen Legebohrer, mit dem sie ihre Eier in von Gallwespen erzeugten Gallen ablegen. *Torymus bedeguaris* etwa parasitiert bei den Larven der Schlafapfel-Gallwespe (*Diplolepis rosae*). Andere Arten dieser Gattung sind als Parasiten von an Eichen lebenden Gallwespenlarven bekannt. Auch Gallmücken und weitere gallerzeugende Insekten besitzen ihre speziellen Parasiten. Vor allem durch solche Parasiten kommt es zu den auffallenden Häufigkeitsschwankungen bei Gallen von Jahr zu Jahr. In manchen Jahren treten die Gallen und mit ihnen die Gallerzeuger besonders häufig auf; sie bieten damit ihren Parasiten optimale Entwicklungs- und Vermehrungsbedingen. In der Folge werden diese immer häufiger, bis sie schließlich ihre Wirtsarten so weit zurückgedrängt haben, dass sie zwangsläufig wieder immer seltener werden. Die Populationen der Wirte können sich dann wieder erholen, bis es nach einigen Jahren wieder zu auffallenden „Gallenjahren“ kommt. Da einige der

Parasiten auf ganz bestimmte Wirtsarten spezialisiert sind, andere aber über ein weiteres Spektrum geeigneter Wirte verfügen, können die Massenentwicklungen einmal nur einzelne Arten, in anderen Fällen ein größeres Artenspektrum betreffen. Das Ganze wird aber noch viel komplizierter, da auch die Parasiten spezielle Hyperparasiten besitzen, die sie dezimieren, und auch die Hyperparasiten können wiederum von Tertiärparasiten heimgesucht werden. So entsteht schließlich ein sehr unübersichtliches Beziehungsgeflecht, bei dem sich mit jeder neuen Parasitierungsebene ein jeweils umgekehrter Effekt auf den ursprünglichen Wirt ergibt. Oft wird mit jeder Parasitierungsstufe der Parasit kleiner, oft wird aber auch zusätzlich jeweils seine Anzahl größer. So kann es nicht überraschen, dass aus den bekannten, vielkammerigen Schlafapfelgallen oft viel mehr Parasiten als Gallwespen schlüpfen.

Inquilinen

Nicht alle Gallbesiedler, die außer dem Gallerzeuger die Gallen bewohnen, sind Parasiten, die vom Körper des Gallerzeugers zehren. In sehr vielen Fällen handelt es sich vielmehr um Inquilinen, also Einmieter, die neben dem Gallerzeuger in der Galle leben und sozusagen als „Mitesser" Teile des Gallengewebes verzehren. Auch sie schaden hierdurch meist dem rechtmäßigen Gallbewohner, können sich aber oft durchaus gleichzeitig mit ihm erfolgreich entwickeln. So ergibt es sich bei der Untersuchung von Milbengallen nicht selten, dass mehrere Arten von Gallmilben die gleichen Gallen bewohnen. Hier handelt es sich in aller Regel um eine Milbenart, die die Gallen erzeugt hat und eine oder mehrere weitere, die zusätzlich in diesen Gallen leben. Hierdurch wird es manchmal schwierig, zu erkennen, welche dieser Arten tatsächlich als ursächlich für die Gallbildung zu gelten hat, und es wird verständlich, dass bei manchen Gallbildungen ihre Entstehungweise noch nicht restlich geklärt ist. Ein Beispiel hierfür sind die bekannten „Wirrzöpfe" an Weiden (S. 242), für die es bisher immer wieder andere Erklärungen gab, bei denen inzwischen aber bestimmte Gallmilben als Verursacher gelten.

Außer solchen sozusagen „friedlichen" Inquilinen gibt es aber auch solche, die den Gallerzeuger zwar nicht angreifen, durch ihre Lebensweise und die daraus resultierenden Ereignisse aber indirekt seinen Tod bewirken. Ein Beispiel hierfür ist die winzige Erzwespe *Dichatomus acerinus*. Das Weibchen legt mehrere Eier in eine Galle der am Bergahorn lebenden Gallwespe *Pediaspis aceris*. Die Larven beginnen in der Folge an der Innenwand der Galle zu fressen, wodurch das Wachstum des Gallgewebes im Sinne der Inquilinen gewissermaßen „umprogrammiert" wird. An jeder Stelle, an der eine *Dichatomus*-Larve frisst, bildet sich eine nach außen zugespitzte

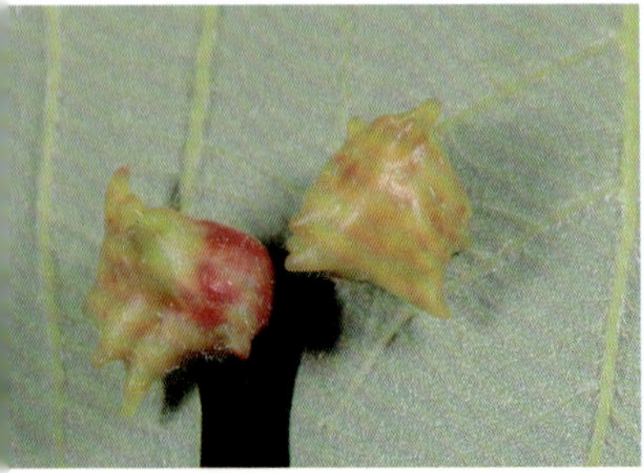

***Abb. 28** Die vom Inquilinen* **Dichatomus acerinus** *bewohnten Pediaspis-Gallen besitzen unregelmäßige, zugespitzte Fortsätze.*

***Abb. 29** Durch die Besiedlung der Inquilinen-Larven wird der zuvor große Gallenhohlraum ganz mit einem festen Gewebe ausgefüllt.*

***Abb. 30** Der Rüsselkäfer* **Archarias crux** *entwickelt sich als Inquiline in* **Pontania**-*Gallen.*

Vorwölbung, so dass die zuvor kugelige Galle eine unregelmäßige Gestalt mit mehreren spitzen Fortsätzen bekommt (**Abb. 28**). Zusätzlich bildet sich weiteres, holzartig festes Gewebe im zuvor großen Hohlraum im Innern der Galle, so dass dieser schließlich vollkommen verschwindet und dadurch die ursprüngliche Gallerzeugerin erdrückt wird (**Abb. 29**). Aus der weichen, leicht komprimierbaren Kugelgalle mit weniger als 1 mm Wanddicke (siehe S. 40) ist nun eine holzig harte Galle mit unregelmäßiger Form geworden. Später schlüpfen aus ihr nur die Inquilinen.

Weitere, für den ursprünglichen Gallerzeuger im Resultat tödliche Einmieter sind der Rüsselkäfer *Archarias crux* (**Abb. 30**) und die beiden anderen Arten dieser Gattung. Das Weibchen beißt vor der Eiablage zunächst ein Loch in die Gallenwand und zerstört das Ei der Blattwespe. Anschließend legt es sein eigenes Ei in den Innenraum der Galle. Die Käferlarve ernährt sich später vom weiter wachsenden Gallengewebe. Auch der Rüsselkäfer *Curculio villosus* entwickelt sich als Inquiline in Gallen, allerdings in solchen der Eichen-Schwammgallwespe (*Biorhiza pallida*). Hier verhungern offenbar die Wespenlarven, weil die Käferlarven anscheinend schneller sind und ihnen die Nahrung wegfressen.

Schließlich gibt es auch Gallwespen, die nicht selbst Gallen erzeugen, sondern sich in die Gallen anderer Arten einmieten und dabei oft, aber nicht in jedem Fall, den ursprünglichen Bewohner töten. Es handelt sich dabei um etwa 20 heimische Arten, die größtenteils zur Gattung *Synergus* gehören. Die Weibchen suchen zur Eiablage junge, noch in Entwicklung befindliche Gallen anderer Gallwespen auf und legen darin ihre Eier ab (**Abb. 31**). Sie sind in der Regel nicht streng wirtsspezifisch, sondern besiedeln in aller Regel jeweils die Gallen mehrerer einander verwandter Wirtsarten. Ihre Larven leben teilweise in eigenen Kammern, teilweise dringen sie aber auch in die Kammer der Gallerzeugerin vor und töten diese. Daher schlüpfen aus solchen Gallen teils nur die Inquilinen, teils außer ihnen auch die Gallerzeuger.

***Abb. 31** Die Gallwespen der Gattung* **Synergus** *(hier ein Weibchen bei der Eiablage) entwickeln sich in Eichengallen anderer Gallwespen.*

Wirtschaftliche Bedeutung

In früheren Zeiten hatten manche Gallen durchaus eine wirtschaftliche Bedeutung. So machte man sich lange Zeit den hohen Gehalt an Gerbsäuren insbesondere in den Knopperngallen von *Andricus quercuscalicis* zu Nutze. Die Gerbsäuren, die von den Eichen als Abwehrreaktion gegen den Angriff der Gallwespe in hoher Konzentration in den Gallen abgelagert werden, dienten etwa bis zum Ende des 19. Jahrhunderts als wichtiger Grundstoff für das Gerben von Leder. Für diesen Zweck wurden seinerzeit ganze Waggonladungen mit Knopperngallen (siehe S. 194) vom Balkan nach Deutschland importiert. Erst später, mit dem Aufkommen der chemischen Industrie, fand man andere Wege zur Herstellung dieser Substanzen, und die Bedeutung der Gallen für deren Herstellung schwand.

Eine weitere Anwendung von Gallen war bereits seit vorchristlicher Zeit die Herstellung von schwarzer Tinte. Die Eichengallustinte wurde vorzugsweise aus den (hier nicht vorgestellten) Gallen der mediterranen Gallwespe *Andricus gallaetinctoriae* hergestellt. Ersatzweise wurden hierfür auch die Gallen von *Andricus kollari* verwendet. In Zeiten der Alten Griechen und Römer gab es außerdem Verwendungen verschiedener Eichengallen für medizinische Zwecke. Daneben fanden die Schlafäpfel der Rosen Anwendung bei Schlafstörungen.

In der neueren Zeit steht eher die Bedeutung von Gallen im Zusammenhang mit wirtschaftlichen Schäden im Vordergrund. Insbesondere Pilzgallen können hier in der landwirtschaftlichen Produktion hin und wieder zu Verlusten führen, besonders durch den Beulenbrand an Maiskulturen (S. 294). Die Entschlüsselung der Zusammenhänge bei der Entwicklung der Rostpilze führte mancherorts dazu, dass die Gartenkultur des Sadebaums (*Juniperus sabina*) als wichtigem Überträger des Birnengitterrosts (S. 166) verboten wurde. In der neuesten Zeit hat sich die an Esskastanien lebende und vor wenigen Jahren aus Ostasien eingeschleppte Gallwespe *Dryocosmus kuriphilus* (S. 68) in Südeuropa als ausgesprochen schädlich erwiesen. Auch Eichengallwespen können insbesondere in Baumschulen Schäden anrichten, da z. B. einige der Stammgallen erzeugenden Arten Jungbäume durchaus zum Absterben bringen können. In aller Regel sind aber gallbildende Organismen nicht als Schädlinge, sondern eher als eine Bereicherung der Formenvielfalt zu betrachten.

Sammeln von Gallen und Zucht der Gallbewohner

Viele Gallen eignen sich gut für eine Sammlung. Man kann sie entweder pressen und wie Pflanzen in einem Herbarium archivieren oder aber – speziell bei sehr voluminösen Bildungen – auch einfach trocknen und in Schachteln aufbewahren. Leider gehen dabei fast immer die oft schönen Farben verloren. Hier hilft aber ein zusätzliches Bildarchiv (s.u.), das für eine sinnvolle Abrundung der Erinnerung an die Sammlungsstücke sorgen kann. Auf jeden Fall gehört aber, wie bei jeder wissenschaftlichen Sammlung, eine sorgfältige Etikettierung mit Artnamen, Fundort, Funddatum und Name des Sammlers dazu.

Eine Gallensammlung wird im Fall von durch Tiere erzeugten Gallen erst perfekt, wenn auch der Gallbewohner dokumentiert werden kann. Hierzu ist es in aller Regel nötig, ihn aus der Galle heranzuziehen. Dies ist nicht ganz einfach und gelingt in der Regel erst dann, wenn die Galle „reif" ist, also nicht mehr weiter wächst, und der Bewohner sich bereits in einem späten Entwicklungsstadium befindet, also z. B. schon verpuppt ist. Oft reicht es dann, die Gallen (natürlich artweise getrennt!) in einem etwas belüfteten Gefäß aufzubewahren und das Schlüpfen des Bewohners abzuwarten. Insbesondere bei Gallwespen kann diese Vorgehensweise aber auch missglücken, da viele Gallen von Gallwespen „überliegen", also ihr Bewohner erst ein oder mehrere Jahre später schlüpft als erwartet. Daher ist es in vielen Fällen besser, die Gallen im Freien an einer vor Regen und Besonnung geschützten Stelle zu lagern. Das Gefäß muss außer einer mit Gaze bespannten Belüftungsfläche auch auf der Unterseite perforiert sein, um eventuell doch eingedrungene Nässe wieder abfließen zu lassen. Es kann je nach den jeweiligen Verhältnissen auch nötig sein, das Ganze von Zeit zu Zeit etwas zu befeuchten. Bei Gallen an frischen, grünen Pflanzenteilen gelingt es in vielen Fällen, insbesondere bei Gallmücken mit schneller Generationenfolge, die Pflanzen in eine Vase zu geben und mit einer Luft durchlässigen Haube zu überziehen, mit der man die schlüpfenden Gallbewohner abfängt. Für eine sichere Bestimmung werden die geschlüpften Tiere, insbesondere die kleineren wie Gallmücken, Blattläuse usw., am besten in 80 %igem Äthanol konserviert. Größere Arten, wie etwa größere Gallwespen, Käfer und dergleichen kann man auch, wie bei den meisten Insekten üblich, nadeln und in Insektenkästen aufbewahren. Gallmilben und andere mikroskopisch kleine Gallbewohner schließlich sollten als mikroskopische Präparate archiviert werden. Für eine sichere Bestimmung vieler Gallen ist eine gewissenhafte Dokumentation durch die entsprechenden Gallbewohner unumgänglich. Auch wenn die exakte Bestimmung am Anfang nicht möglich erscheint, kann sich durchaus auch erst Jahre später eine derartige Möglichkeit ergeben.

Hinweise zum Fotografieren von Gallen

Das Fotografieren von Gallen ist vielleicht die aus heutiger Sicht perfekte Möglichkeit, sich mit Gallen zu beschäftigen, wenn auch, wie im vorangegangenen Abschnitt angedeutet, es damit nicht in jedem Fall möglich sein wird, die Art des Gallerzeugers sicher zu bestimmen. Pflanzengallen stellen aber zum einen durch ihr vielfach sehr ansprechendes Erscheinungsbild, zum andern durch ihre den Eigenschaften der Wirtspflanze geschuldete Unbeweglichkeit geradezu perfekte Fotoobjekte dar, mit denen man in aller Ruhe arbeiten und z. B. verschiedene Beleuchtungstechniken ausprobieren kann. In vielen Fällen wird es möglich sein, ohne große Veränderungen direkt am Fundort zu perfekt gestalteten Aufnahmen zu kommen. In anderen Fällen erscheint die Bildgestaltung aber, etwa was Ausleuchtung, Hintergrund und die umgebende Vegetation betrifft, nicht zufriedenstellend. In solchen Situationen bediene ich mich gern der „Zwei-Stative-Technik". Ich befestige hierfür den Gallen tragenden Zweig, das Blatt oder den sonstigen Teil einer Pflanze an einer Klammer, die am Kugelgelenk eines Stativs montiert ist. Dieses Stativ stelle ich jetzt so auf, dass es sich vor einem geeigneten, möglichst auch besonnten Hintergrund befindet, das zu fotografierende Objekt selbst aber im Schatten liegt oder von hinten beleuchtet wird. Die Kamera wird jetzt mit einem zweiten Stativ aufgestellt. Mit Hilfe von Probeaufnahmen wird anschließend die korrekte Belichtung des Hintergrundes ermittelt (was ja in Zeiten der Digitalfografie kein Problem mehr ist). Anschließend erfolgt die Beleuchtung des eigentlichen, im Schatten liegenden (oder von hinten beleuchteten) und daher sonst zu dunklen Objekts durch einen Blitz (möglichst einen Doppelblitz, um unerwünschte Schattenbildungen zu vermeiden). Die meisten der in diesem Buch gezeigten Gallenbilder sind auf diese Weise entstanden. So lassen sich auch sehr ungünstige Aufnahmebedingungen meistern, etwa bei heftigem Wind oder Regen. Dann fotografiere ich einfach von der Wohnung aus durch ein Fenster oder eine geöffnete Tür, stelle das Objekt im Zimmer auf und nehme den Garten als Hintergrund. Gewissensbisse wegen der abgepflückten Pflanzenteile sind dabei übrigens nicht angebracht, handelt es sich nach herkömmlicher Meinung doch lediglich um das Fotografieren pflanzlicher Geschwüre, die durch Schädlinge verursacht wurden.

Bestimmungsteil

1 *Aceria cephalonea*
Eriophyidae (Gallmilben)

Beschreibung: Auf der Blattoberseite zahlreiche unregelmäßige, sackförmige Aufwölbungen von höchstens 2 mm Größe. Zunächst grün, später meist leuchtend rot, auf der Blattunterseite weit geöffnet und hier durch Haare teilweise verschlossen. Oft in dichten Rasen die ganze Blattfläche bedeckend, so dass diese zwischen den Gallen bisweilen nicht mehr sichtbar ist.
Vorkommen: An *Acer campestre* (Feldahorn) und *Acer pseudoplatanus* (Bergahorn), überall sehr häufig.

2 *Aceria macrorhynchus*
Eriophyidae (Gallmilben)

Beschreibung: Auf der Blattoberseite bis 6 mm hohe, stiftförmige und am Ende zugespitze Erhebungen. Diese zunächst grün, später meist leuchtend rot. Auf der Blattunterseite mit einer durch Haare verschlossenen Öffnung.
Vorkommen: Nur an *Acer pseudoplatanus* (Bergahorn), bei uns an der Wirtsplanze überall häufig.

3 *Vasates quadripedes*
Eriophyidae (Gallmilben)

Beschreibung: Auf der Blattoberseite 1,5–2 mm hohe, rundliche oder verlängerte Aufwölbungen, die mit einem kurzen, schmalen Hals dem Blatt aufsitzen. Oberfläche uneben und glänzend, zunächst gelbgrün, später meist mehr oder weniger rot gefärbt. Unterseitige Öffnung durch einzellige Haare dicht verschlossen. In kleinen Gruppen entlang der Blattadern, oft aber auch in dichten Rasen über die Blattfläche verteilt.
Vorkommen: Nur an *Acer saccharinum* (Silberahorn), an Standorten der Wirtspflanze regelmäßig zu finden.
Anmerkung: Der in Nordamerika heimische Silberahorn wird bei uns oft in Gärten und Parkanlagen angepflanzt. Die an ihn gebundene Gallmilbe tritt in Mitteleuropa als unbeabsichtigt verschleppter Neubürger (Neozoon) auf.

1

2

3

1 *Aceria macrochela*
Eriophyidae (Gallmilben)

Beschreibung: Auf der Blattoberseite unregelmäßige, kugelige Aufwölbungen mit 2–5 mm Durchmesser. Oberfläche oft höckerig. Einzeln oder in kleinen Gruppen am Stielansatz und strahlenförmig entlang der Hauptadern, besonders an Abzweigungen von Nebenadern. Gelblich, grün oder leuchtend rot. Oft gleichzeitig das ganze Blatt deformiert, z. B. zum Rand hin deutlich nach unten gewölbt (**1a**).
Vorkommen: Nur an Feldahorn (*Acer campestre*), ziemlich verbreitet.
Ähnlich: Die Gallen oft mit denen von *A. cephalonea* auf den gleichen Blättern. Dies kann eine Trennung der Arten erschweren; die Unterscheidung ist aber schon durch die unterschiedliche Größe i.d.R. gut möglich.

2 *Aceria pseudoplatani*
Eriophyidae (Gallmilben)

Beschreibung: Auf der Blattunterseite ein dichter, weiß, gelblich oder rosa, später braun gefärbter Filzrasen. Haare bei mikroskopischer Betrachtung zylindrisch oder schwach keulenförmig, bei Betrachtung mit der Lupe blasig und stark glänzend (**2b**). An den entsprechenden Stellen auf der Blattoberseite eine deutliche, meist gelblich entfärbte Aufwölbung.
Vorkommen: Offenbar nur an *Acer pseudoplatanus* (Bergahorn), ziemlich häufig.

3 *Aceria eriobius*
Eriophyidae (Gallmilben)

Beschreibung: Auf der Blattunterseite ein zunächst weißer, später dann zunehmend roter und schließlich brauner Filzrasen; Blattoberseite mit oder ohne entfärbte Aufwölbungen.
Vorkommen: Nur an *Acer campestre* (Feldahorn), weniger häufig.
Ähnlich: An anderen Ahornarten mehrere weitere Filzrasen erzeugende Gallmilben.
Anmerkung: Die Artidentität der Filzrasen verursachenden Gallmilben an Ahorn ist bislang offenbar nur unzureichend geklärt. Zudem herrscht in der Literatur derzeit ein großes Durcheinander hinsichtlich der korrekten Artnamen. Auch am Berg- und Feldahorn gibt es möglicherweise noch weitere solcher Milbenarten.

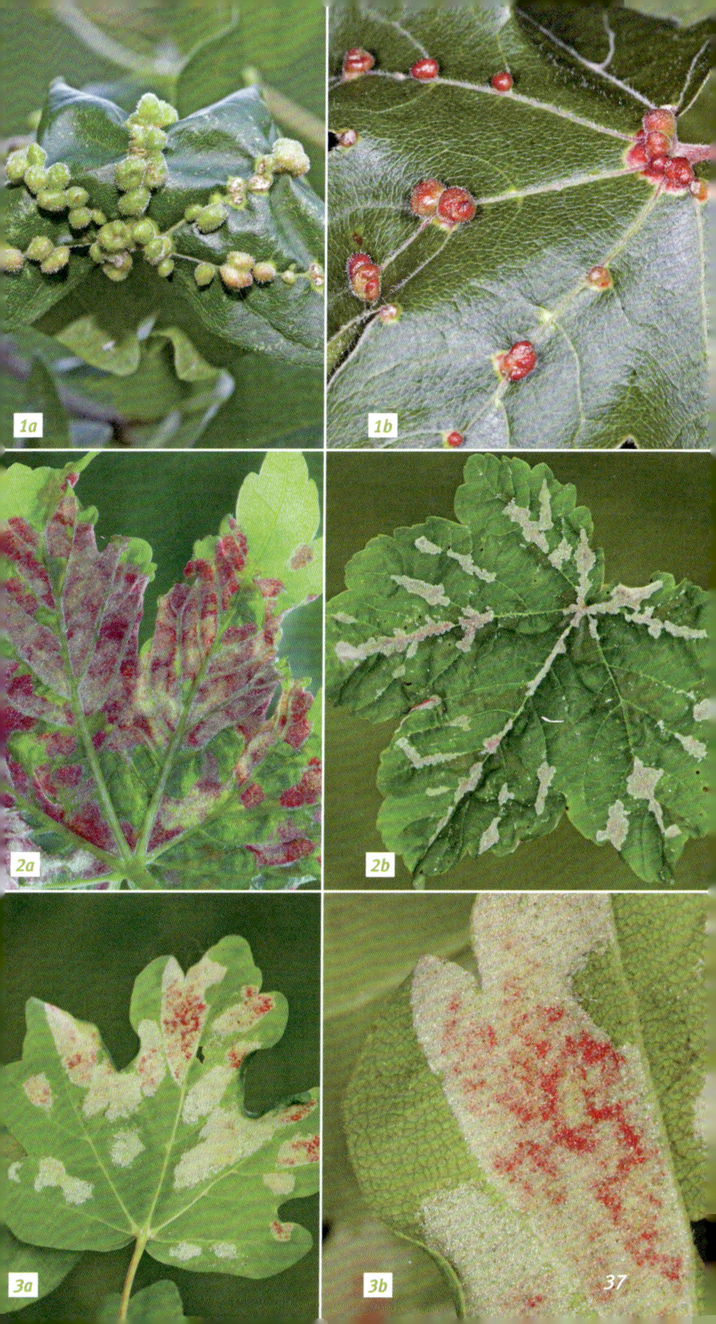
1a
1b
2a
2b
3a
3b

1 *Contarinia acerplicans*

Cecidomyiidae (Gallmücken)

Beschreibung: Blattrand nach unten gefaltet oder schmale, etwa 1 cm lange Streifen auf der Blattfläche zwischen den Nerven schlauchförmig nach oben gefaltet (**1a**). Unterseits an der entsprechenden Stelle ein schmaler Schlitz (**1b**). Aufgewölbter Blattteil leicht verdickt, oft dunkelrot gefärbt, bei der Reife braun vertrocknend, unterseitiger Schlitz weiß behaart. In der Galle weiße Larven mit Sprungvermögen. Gallenreife im Frühjahr und Frühsommer, im Juli und August möglicherweise eine zweite Generation.
Vorkommen: *Acer pseudoplatanus* (Bergahorn), *A. campestre* (Feldahorn) und *A. monspessulanum* (Französischer Ahorn), nicht häufig.

2 *Dasineura irregularis (= D. acercrispans)*

Cecidomyiidae (Gallmücken)

Beschreibung: Blattfläche unregelmäßig gekräuselt, Teile der Blattspreite nach oben umgeschlagen oder nach unten gerollt, Blattadern teilweise deutlich verdickt. Oft Teile des Blattes rötlich verfärbt. Larven weiß oder rötlich bis rot, zwischen den zusammengefalteten Teilen des Blattes. Gallenreife im Spätfrühling und Frühsommer, Galle nach dem Verlassen oft schwarz verfärbt.
Vorkommen: *Acer pseudoplatanus* (Bergahorn) und *A. campestre* (Feldahorn).

1a
1b
2a
2b

1 *Pediaspis aceris*

Cynipidae (Gallwespen)

Beschreibung: Einzige Gallwespe außer den an Eichen lebenden Arten mit regelmäßigem Wechsel zwischen einer parthenogenetisch (durch Jungfernzeugung) und einer bisexuell sich vermehrenden Generation. Beide Generationen in deutlich verschiedenen Gallen. Entwicklung der parthenogenetischen Generation in knollenförmigen, braunen Wurzelgallen. Diese sind mehrkammerig (**1d**), etwa 1–2 cm im Durchmesser und bilden meist etwa 3–10 cm große Komplexe dicht unter der Bodenoberfläche (**1c**). Bisexuelle Generation oberirdisch in regelmäßig kugeligen, bis etwa 8 mm großen Gallen, meist auf der Blattunterseite (**1a**), gelegentlich aber auch am Blattstiel, an der Rinde junger Zweige oder an den Früchten. Diese Gallen dünnwandig (**1b**), einkammerig, zunächst grün, später gelblich oder leuchtend rot gefärbt. Ansatzstelle der Blattgallen oberseits auf dem Blatt als glatte Scheibe erkennbar. Die Weibchen der parthenogenetischen Generation schlüpfen im zeitigen Frühjahr aus den Wurzelgallen und legen ihre Eier in die austreibenden Knospen. Die sich daraus entwickelnden Blattgallen entlassen im Sommer die beiden Geschlechter der bisexuellen Generation. Nach der Paarung legen deren Weibchen ihre Eier in die Wurzeln des Wirtsbaumes. Die Wespen der nachfolgenden parthenogenetischen Generation schlüpfen erst im Frühjahr des übernächsten Jahres. Beide Generationen zusammen benötigen damit zwei Jahre für ihre Entwicklung.

Vorkommen: An *Acer pseudoplatanus* (Bergahorn), hin und wieder wohl auch an anderen Ahorn-Arten. Die Art kommt offenbar nur (?) im natürlichen Verbreitungsgebiet des Bergahorns vor und ist dort (z. B. im süddeutschen Bergland) häufig, in vielen anderen Gebieten (z. B. in Norddeutschland, aber auch z. B. in Südtirol) ausgesprochen selten bis fehlend. Häufigkeit von Jahr zu Jahr aber auch durch den Einfluss anderer Wespenarten (s.u.) stark schwankend.

Anmerkung: Die oberirdischen Gallen der bisexuellen Generation werden häufig von Erzwespen (*Dichatomus acerinus*) befallen, die aber nicht die Gallwespenlarven parasitieren, sondern diese Gallen als sogenannte Inquilinen (Einmieter) besiedeln. Hierdurch verändert sich deutlich ihre Form sowie die Beschaffenheit des Gallengewebes: Die dünnwandigen, ziemlich weichen Kugelgallen werden zu holzigen massiven Gallen mit mehreren zipfelförmigen Fortsätzen, in denen die ursprüngliche Gallerzeugerin offenbar durch das üppig wuchernde Pflanzengewebe erdrückt wird. Näheres hierzu siehe S. 27.

1a

1b

1c

1d

1 *Rhopalomyia millefolii*

Cecidomyiidae (Gallmücken)

Beschreibung: Galle meist am Blatt oder am Blattansatz am Stängel, seltener auch an Knospen oder Blüten, eiförmig oder durch einen auseinander gebogenen Rand an der Spitze krugförmig, bis 8 mm lang. Zunächst fleischig und grün gefärbt, später dann rotbraun (**1**) und schließlich schwarz und ziemlich hart. Am oberen Ende eine enge, behaarte und von Zipfeln umstandene Öffnung. Diese Zipfel vergrößern sich bei der Reife und biegen sich nach außen, so dass die schlüpfende Mücke schließlich die Galle verlassen kann. Larvenkammer schmal und langgestreckt, enthält eine gelbe Larve.
Vorkommen: Meist an *Achillea millefolii* (Gewöhnliche Schafgarbe), seltener auch an *A. ptarmica* (Sumpfschafgarbe), ziemlich selten.

2 *Rhopalomyia ptarmicae*

Cecidomyiidae (Gallmücken)

Beschreibung: Anstelle des Blütenstandes an der Triebspitze eine schwammige aber doch ziemlich feste, mehr oder weniger kugelige Masse, die von lanzettlich verschmälerten, sternförmig ausgebreiteten Blättern umgeben ist. Die aus dem Blütenstand hervorgegangene Kugel mit rötlicher Oberfläche und von einem weißen Haarfilz bedeckt (**2b**), innen an seiner Basis mehrere senkrecht ausgerichtete Larvenkammern, die jeweils eine gelbe oder rote Larve enthalten (**2a**).
Vorkommen: Meist an *Achillea ptarmica* (Sumpfschafgarbe), gelegentlich auch an *A. millefolia* (Gewöhnliche Schafgarbe), nicht häufig.

3 *Oxyna flavipennis*

Tephritidae (Bohrfliegen)

Beschreibung: Mehr oder weniger kugelige, dickfleischige, bis 8 mm große Galle am Wurzelstock, einzeln oder zu mehreren nebeneinander. Enthält jeweils eine Fliegenmade, die vor der Verpuppung einen Schlupfgang für die fertige Fliege herstellt (**3b**, hier mit dem Puppentönnchen in der Larvenkammer). Fliege von Juni bis August, gelbbraun, Flügel rauchig getrübt, mit zahlreichen rundlichen, durchscheinenden Flecken in unterschiedlicher Größe.
Vorkommen: An *Achillea millefolia* (Gemeine Schafgarbe), nicht selten, aber Galle schwer zu finden.

1

2a

2b

3a

3b

1 *Frankia alni*

Actinomycetes (Strahlenpilze)

Beschreibung: Etwa 1–5 cm große, ei- bis kugelförmige Klumpen an Erlenwurzeln, die aus korallenartig verzweigten, braunen Einzelgallen zusammengesetzt sind. Gelblich oder braun gefärbt, Köpfe der Einzelgallen etwa 2–3 mm im Durchmesser.
Vorkommen: An *Alnus*-Arten (Erlen), wohl überall an Standorten von Bäumen und Sträuchern dieser Gattung.
Anmerkung: Das Beispiel dieser Erlengallen steht hier stellvertretend für viele vergleichbare Wurzelgallen an anderen Pflanzen. Ähnliche, von anderen Bakterien hervorgerufene Wurzelgallen (die Strahlenpilze gehören, anders als ihr Name vermuten lässt, zu den Bakterien) findet man besonders an Vertretern der Fabaceae (Schmetterlingsblütler). Die Bakterien binden Stickstoff, der auch den Wirtspflanzen zu Gute kommt und es ihnen so ermöglicht, auch nach den Nährstoffverhältnissen ungünstige Standorte zu besiedeln. Aus diesem Grund werden daher auch verschiedene Schmetterlingsblütler in der Landwirtschaft zur Gründüngung verwendet.

2 *Taphrina alni*

Ascomycetes (Schlauchpilze)

Beschreibung: An Erlenfrüchten bandförmige, meist etwa 2 cm lange Auswüchse, die sich aus einzelnen Zapfenschuppen bilden. Diese sind zunächst grün, später gelblich bis leuchtend karminrot und schließlich braun bis schwarz gefärbt.
Vorkommen: Vorzugsweise an *Alnus incana* (Grauerle), daneben auch an anderen *Alnus*-Arten. Am häufigsten im Bergland und in den Alpen.

3 *Taphrina tosquinetii*

Ascomycetes (Schlauchpilze)

Beschreibung: Blätter oft bis auf das Doppelte vergrößert und teilweise oder auf der ganzen Fläche kissenförmig aufgewölbt und gelblich aufgehellt. Daneben können auch die Zweige angeschwollen sein.
Vorkommen: An *Alnus glutinosa* (Schwarzerle), selten an anderen Arten der Gattung.

1

2

3

1 *Eriophyes laevis*

Eriophyidae (Gallmilben)

Beschreibung: Auf der Blattoberseite meist zahlreiche knopfförmige, an der Basis eingeschnürte, 1–2 mm große Gallen, die auf der Blattunterseite enge, unbehaarte Öffnungen besitzen. Zunächst grün, später rosa oder leuchtend rot, oft gruppenweise von einem gelblich aufgehellten Hof umgeben (1b).
Vorkommen: An *Alnus glutinosa* (Schwarzerle), daneben auch an anderen *Alnus*-Arten.

2 *Acalitus brevitarsus*

Eriophyidae (Gallmilben)

Beschreibung: Auf der Blattunterseite, seltener auch auf der Oberseite ein krümelig wirkender, weißlich bis rostrot gefärbter Haarfilz, meist in der Nähe des Blattrandes, oft auch unregelmäßig über die ganze untere Blattfläche verteilt. Auf der Blattoberseite an den entsprechenden Stellen Aufwölbungen, an denen das Blatt etwas bleicher gefärbt ist. Der Haarfilz kann auch als geschlossener Rasen die ganze Blattunterseite überziehen und dann das ganze Blatt sich löffelförmig nach unten einkrümmen lassen. Haare (bei starker Vergrößerung) von sehr charakteristischer Gestalt: Auf dünnem Stiel ein mehr oder weniger flacher, zu den Seiten in lange Lappen ausgezogener Kopf, dessen Seitenlappen mit denen der Nachbarhaare ineinandergreifen und so ein Schutzdach bilden, unter dem die Milben leben.
Vorkommen: An *Alnus glutinosa* (Schwarzerle), überall häufig.

3 *Eriophyes inangulis*

Eriophyidae (Gallmilben)

Beschreibung: In den Nervenwinkeln der Blätter 2–3 mm lange, bohnenförmige Aufwölbungen; diese oberseits glatt und gelblich (**3a**), später braun gefärbt, unterseits dicht mit zunächst weißen, später braunen Haaren (**3b**) besetzt, die im inneren Teil der Höhlung schmal keulenförmig, in den Randbereichen zugespitzt sind.
Vorkommen: An verschiedenen *Alnus*-Arten (Erlen), ziemlich häufig.

1a

1b

2

3a

3b

1 *Aceria peucedani*

Eriophyidae (Gallmilben)

Beschreibung: Einzelne Blattfiedern, oft auch alle Fiedern eines Blattes, verkümmert und teilweise zu watteartigen, oft rötlich gefärbten Klumpen umgebildet. Auch die Blüten oder die ganzen Dolden können in ähnlicher Weise missgebildet sein.
Vorkommen: An verschiedenen Doldengewächsen, besonders an *Pimpinella*-Arten (Bibernelle), nicht häufig.

2 *Trioza flavipennis (= Trioza aegopodii)*

Psyllina (Blattflöhe)

Beschreibung: Kuppelförmige Aufwölbungen meist der Blattoberseite bis 6 mm im Durchmesser. In der Vertiefung auf der Unterseite im Mai und Juni meist nur ein längliches, aufrecht stehendes Ei (seltener mehrere), später dann ein flache, ringsum mit stabförmigen Wachsausscheidungen umgebene Larve (ähnlich der von *Trioza proxima*, siehe S. 112).
Vorkommen: An *Aegopodium podagraria* (Giersch), fast überall an den Wuchsorten dieser Pflanze, auch in Gärten sehr häufig.

3 *Aphis podagrariae*

Aphidina (Blattläuse)

Beschreibung: Blätter am Rand etwas eingerollt und zwischen den Adern etwas wellig und weißlich entfärbt, unterseits mit (meist wenigen) gelblichweiß gefärbten Blattläusen, oft zusammen mit *Trioza flavipennis* (s.o.) auf den gleichen Blättern.
Vorkommen: An *Aegopodium podagraria* (Giersch), fast überall häufig.

4 *Thomasiella eryngii*

Cecidomyiidae (Gallmücken)

Beschreibung: Sprosse und Blattachsen mit eiförmigen, bis etwa 2 cm großen Anschwellungen, diese innen mit mehreren mit einem Pilzmyzel durchwachsenen Kammern, in denen sich jeweils eine gelb gefärbte Larve befindet.
Vorkommen: In *Eryngium*-Arten (Mannstreu), insbesondere am Feld-Mannstreu (*Eryngium campestre*).

1

2

3

4

1 *Contarinia pastinacae*
Cecidomyiidae (Gallmücken)

Beschreibung: Einzelne Früchte in der Dolde stark angeschwollen, zunächst grün, später gelb gefärbt, enthalten jeweils eine gelbe Larve.
Vorkommen: Nur an *Pastinaca sativa* (Pastinak), ziemlich häufig.

2 *Kiefferia pericarpiicola (= Kiefferia pimpinellae)*
Cecidomyiidae (Gallmücken)

Beschreibung: Einzelne Früchte in der Dolde stark angeschwollen, je nach Wirtsart gelblich grün oder leuchtend rot gefärbt.
Vorkommen: Vorzugsweise an Daucus carota (Wilde Möhre); hier oft schon während der Blütezeit der Dolde auf langem, gebogenem Stiel und dabei leuchtend rot über die restlichen Blüten aufragend (**2b**), außerdem z. B. an *Pimpinella* (Bibernelle) (**2a**) sowie einigen weiteren Doldengewächsen.

3 *Lasioptera carophila*
Cecidomyiidae (Gallmücken)

Beschreibung: Zentraler Verzweigungspunkt der Dolde oder einzelner Teildolden zu einer 2–5 mm großen Kugel verdickt und oft an der Basis der Doldenstrahlen leuchtend rot gefärbt. Im Innern eine Kammer mit Pilzmyzel und einer orangeroten Larve.
Vorkommen: Meist an *Daucus carota* (Wilde Möhre), seltener an *Pimpinella*-Arten (Bibernelle) oder anderen Doldengewächsen.

1

2a

2b

3

1 *Cryptosiphum artemisiae*

Aphidina (Blattläuse)

Beschreibung: Blätter beutelförmig nach oben oder unten umgeschlagen und hier dunkelrot gefärbt (**1b**), oft ganze Triebspitzen im Wachstum gehemmt und alle Blätter knäuelig zusammengezogen (**1a**). Im Innern der Klumpen Blattläuse.
Vorkommen: An *Artemisia vulgaris* (Gemeiner Beifuß), auch an einigen weiteren *Artemisia*-Arten wie *A. absinthiae* (Wermuth), ziemlich häufig.

2 *Epiblema lacteana*

Tortricidae (Wickler)

Beschreibung: Sprossachse vor der Spitze spindelförmig angeschwollen, im Innern eine gelbbraune Raupe mit schwarzem Kopf.
Vorkommen: Nur an *Artemisia campestris* (Feld-Beifuß), ziemlich selten.
Ähnlich: An anderen *Artemisia*-Arten ähnliche Gallen von einigen weiteren Schmetterlingsarten.

1a

1b

2

Atriplex Melde

1 *Hayhurstia atriplicis*

Aphidina (Blattläuse)

Beschreibung: Blattspreite am Rand oder auf der ganzen Fläche nach oben eingerollt, sichelförmig gekrümmt und oft mit der Unterseite nach oben gedreht, kaum verdickt. Im Innern der Blattrolle grüne Blattläuse
Vorkommen: An verschiedenen *Atriplex*-Arten (Melde), ziemlich häufig.

Asperula Meier, Waldmeister

2 *Dasyneura asperulae*

Cecidomyiidae (Gallmücken)

Beschreibung: Blätter an der Triebspitze zu einer schwammigen Masse aufgetrieben und miteinander zu einem kugeligen, bis etwa 1 cm großen Gebilde verwachsen, weißlich oder rot gefärbt, im Innern orangefarbene Mückenlarven.
Vorkommen: An verschiedenen Arten der Gattung *Galium*, z. B. *A. cynanchica* (Hügel-Meier) oder *A. tinctoria* (Färber-Meier), ziemlich selten.

Berberis Berberitze

3 *Puccinia graminis*

Uredinales (Rostpilze)

Beschreibung: Auf der Blattunterseite orangefarbene Pusteln, diese schließlich mit kleinen, sternförmigen Öffnungen, aus denen Sporen ausgestreut werden (**3b**); ihnen entsprechen blattoberseits grün bis leuchtend rot gefärbte Anschwellungen (**3a**).
Vorkommen: Auf *Berberis vulgaris* (Berberitze), häufig.

1

2

3a

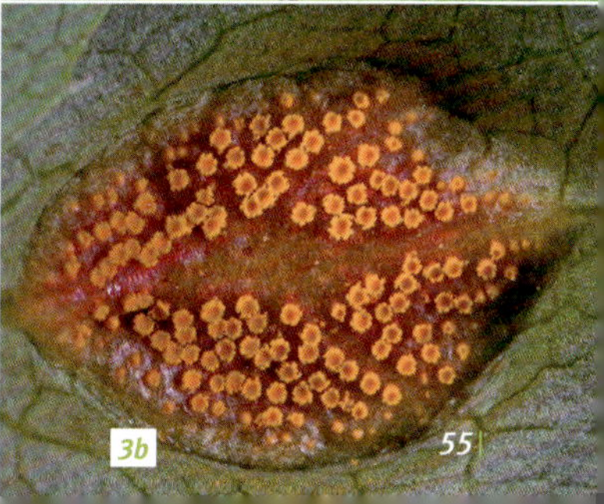
3b

1 *Taphrina betulina*

Ascomycetes (Schlauchpilze)

Beschreibung: Dichte Büschel aus gerade gewachsenen, kurzen und dünnen Zweigen, diese im Sommer mit kleinen, etwas geschwollenen, bleichen Blättern.
Vorkommen: An verschiedenen *Betula*-Arten (Birken), überall häufig und besonders im Winter auf den unbelaubten Bäumen sehr auffallend.

2 *Acalitus calycophthirus*

Eriophyidae (Gallmilben)

Beschreibung: Einzelne Knospen stark verdickt (etwa 10 mm groß), mit zunächst grünen, später bräunlichen, etwas verdickten Blättern; zwischen den Blättern Gallmilben.
Vorkommen: An *Betula*-Arten (Birken), nicht häufig.

3 *Acalitus longisetosus*

Eriophyidae (Gallmilben)

Beschreibung: Dichte, filzige, unregelmäßig geformte Haarflecke auf der Blattoberseite entlang der Blattadern, oft auch fast die gesamte Oberseite bedeckend, in frischem Zustand leuchtend hellrot.
Vorkommen: An *Betula*-Arten (Birken), nicht häufig.
Ähnlich: Vorzugsweise auf der Unterseite von Birkenblättern findet sich der in frischem Zustand weißliche oder hell gelbliche, flächige Haarfilz der Gallmilbe *Acalitus rudis*, der wohl häufigsten Gallmilbe auf Birkenblättern.

1

2

3

1 *Cecidophyopsis betulae*

Eriophyidae (Gallmilben)

Beschreibung: Gallen etwa 1–2 mm im Durchmesser, auf der einen Blattseite (meist der Unterseite) halbkugelig bis warzenförmig, auf der anderen kegelförmig mit zentraler, punktförmiger Öffnung, zunächst grün, später bräunlich.
Vorkommen: An *Betula*-Arten (Birken); nicht selten, aber leicht zu übersehen.

2 *Aculus leionotus*

Eriophyidae (Gallmilben)

Beschreibung: In den Winkeln der vom Hauptnerv des Blattes abzweigenden Seitennerven oberseits unbehaarte Aufwölbungen (**2a**), unterseits an den gleichen Stellen ein Haarfilz aus rötlich hellbraunen, am Ende stumpfen Haaren (**2b**), in dem sich die Milben aufhalten.
Vorkommen: An *Betula*-Arten (Birken), ziemlich häufig.
Ähnlich: Bei den sehr ähnlichen Gallen der Gallmilbe *Eriophyes lissonotus* sind die Aufwölbungen auf der Blattoberseite meist behaart und die Haare des Filzrasens am Ende zugespitzt.

1

2a

2b

1 *Semudobia betulae*

Cecidomyiidae (Gallmücken)

Beschreibung: Gallen in den Fruchtzapfen, flach eiförmig und jeweils einzeln mit dem noch sichtbaren, aber etwas reduzierten Samenflügel verwachsen. Hell gelblich, auf der Oberfläche der Galle ein runder Fensterfleck, im Innern jeweils eine Larve. Die Gallen bleiben oft im Winter an der hängen bleibenden Spindel des Fruchtzapfens zurück, während die reifen, intakten Samen abfallen.
Vorkommen: An *Betula*-Arten (Birken), fast überall häufig, aber meist nur durch gezielte Suche zu finden.
Ähnlich: Bei der sehr ähnlichen Galle der Gallmücke *Semudobia tarda* ist der Samenflügel fast völlig reduziert und der runde Fensterfleck nicht oder nur schwer zu erkennen.

2 *Massalongia ruber*

Cecidomyiidae (Gallmücken)

Beschreibung: Teile der Blattmittelrippe verdickt und holzartig verfestigt, oft auf die Basis einzelner Seitennerven oder den Blattstiel übergreifend, anfangs grün, später dunkelrot bis braun gefärbt. In der Galle zunächst weiße bis gelbliche, später rot gefärbte Larven.
Vorkommen: An verschiedenen *Betula*-Arten (Birken), ziemlich selten.

3 *Anisostephus betulinus*

Cecidomyiidae (Gallmücken)

Beschreibung: Auf der Blattfläche beiderseits nur wenig vorstehende, mehr oder weniger rundliche Gallen mit etwa 4 mm Durchmesser, etwas durchscheinend, in der Mitte gelb, am Rand leuchtend rot gefärbt, innen jeweils mit einer zunächst weißen, später gelblichen Larve. Die Gallen erscheinen erst im Hoch- und Spätsommer.
Vorkommen: An verschiedenen *Betula*-Arten (Birken).

1

2

3

1 *Albugo candida*

Peronosporales (Falsche Mehltaupilze)

Beschreibung: Teile des Blütenstandes, der Sprossachse oder Blätter verkrümmt oder anders missgebildet, mit weißem, krustig-blasigem Überzug.
Vorkommen: Auf vielen verschiedenen Kreuzblütlern, besonders auf *Capsella bursa-pastoris* (Hirtentäschelkraut), ziemlich häufig.

2 *Eriophyes drabae*

Eriophyidae (Gallmilben)

Beschreibung: Blütenknospen stark angeschwollen, abnorm behaart und vergrünt, oft auch andere Pflanzenteile, insbesondere Blätter, verkrümmt und stark behaart oder mit unregelmäßigen, roten Schwellungen.
Vorkommen: An vielen verschiedenen Kreuzblütlern, besonders aber an *Cardaria draba* (Pfeilkresse).

3 *Dasyneura sisymbrii*

Cecidomyiidae (Gallmücken)

Beschreibung: Schwammartige, bis etwa 2 cm große, mehr oder weniger kugelige Schwellung im oberen Bereich des Blütenstandes, weißlich oder hell gelblich, oft teilweise rötlich gefärbt, im Innern mit orangeroten Mückenlarven.
Vorkommen: An verschiedenen Kreuzblütlern, besonders an *Rorippa*-Arten (Sumpfkresse)

1

2

3

Buxus Buchsbaum

1 *Spanineura buxi (= Psylla buxi)*
Psyllina (Blattflöhe)

Beschreibung: An den Zweigspitzen schopfig angehäufte, nach oben fast halbkugelig eingekrümmte, etwas verdickte Blätter, zwischen diesen grüne Blattflohlarven oder deren Wachsausscheidungen.
Vorkommen: An *Buxus sempervirens* (Buchsbaum), auch in Gärten, überall sehr häufig.
Ähnlich: In weniger auffallenden, blasigen Anschwellungen der Blattfläche der gleichen Pflanze entwickeln sich die Larven der Gallmücke *Monoarthropalpus flavus*.

Campanula Glockenblume

2 *Aculus schmardae (= Eriophyes schmardae)*
Eriophyidae (Gallmilben)

Beschreibung: Einzelne Blüten oder der ganze Blütenstand vergrünt und mit zahlreichen krausen oder eingerollten Blättern dicht besetzt, meist mit weißlicher Behaarung.
Vorkommen: Besonders an *Campanula rapunculoides* (Acker-Glockenblume) und *C. trachelium* (Nesselblättrige Glockenblume), seltener an anderen *Campanula*-Arten.

3 *Miarus* sp.
Curculionidae (Rüsselkäfer)

Beschreibung: Fruchtknoten der Blüte sowie Griffel und Narben deutlich angeschwollen, übrige Blütenteile verkümmert, im Innern eine oder mehrere Käferlarven. Gallen im Juni und Juli, die fertigen Rüsselkäfer ab August.
Vorkommen: An verschiedenen *Campanula*-Arten (Glockenblumen).
Anmerkung: Mehrere nur als Käfer sicher unterscheidbare Arten (siehe auch unter *Phyteuma*, S. 132)

1

2

3

1 *Aceria macrotrichus*

Eriophyiidae (Gallmilben)

Beschreibung: Seitennerven der Blätter vor allem an der Blattunterseite leistenartig verdickt und teils zickzackförmig hin und her gebogen. Durch das starke unterseitige Wachstum wird dabei das Blatt oft nach oben umgebogen bis vollkommen eingerollt (**1**).
Vorkommen: An *Carpinus betulus* (Hainbuche), nicht selten.
Anmerkung: Gelegentlich sind fast alle Blätter von jüngeren Hainbuchen in dieser Weise verändert, so dass man an eine besondere Züchtung glauben könnte.

2 *Zygiobia carpini*

Cecidomyiidae (Gallmücken)

Beschreibung: Auf der Blattunterseite Mittelrippe und angrenzende Teile der Seitennerven auf etwa 3–5 cm Länge unregelmäßig stark angeschwollen. Blattfläche dabei oft deutlich gebogen (**2a**). In der verdickten Mittelrippe zwei Reihen von Larvenkammern mit jeweils einer Larve, weitere Larvenkammern entlang der Seitennerven. Diese Gallen manchmal auch an den Flügeln der Hainbuchenfrüchte.
Vorkommen: An *Carpinus betulus* (Hainbuche), ziemlich häufig.

1

2a

2b

Castanea Kastanie

1 *Dryocosmus kuriphilus*

Cynipidae (Gallwespen)

Beschreibung: Gallen an verschiedenen Organen der Wirtspflanze, meist als mehrkammerige, bis 20 mm große, blasenförmige Anschwellung der Blattmitte (**1a**), aber auch als keulenförmige Verdickung einer Zweigspitze (**1b**) oder als blasig angeschwollene Knospe(**1c**).
Vorkommen: An *Castanea sativa* (Esskastanie); ursprünglich heimisch in Nordchina, vor einigen Jahren aber nach Südeuropa eingeschleppt (erster Nachweis im Piemont 2002, inzwischen vor allem in Norditalien weit verbreitet).
Anmerkung: Die Gallwespe entwickelt sich nach bisherigen Erkenntnissen ausschließlich parthenogenetisch. Die Wespen erscheinen im Juni und Juli. Nach der Eiablage im Juli verläuft die weitere Entwicklung zunächst stark verzögert; erst im folgenden Frühjahr entwickeln sich die Gallen. Durch die Gallentwicklung kommt es zu starken Ernteeinbußen beim gewerblichen Anbau von Esskastanien, vor allem in Asien, inzwischen aber auch in Südeuropa.

Centaurea Flockenblume

2 *Aceria centaureae*

Eriophyidae (Gallmilben)

Beschreibung: Blattoberfläche, vor allem der Grundblätter, mit pockenartigen, etwa 2 mm großen, rundlichen Verdickungen von gelblicher oder rötlicher bis dunkel violetter Färbung, diese auf der Oberseite jeweils mit einer winzigen Öffnung.
Vorkommen: An *Centaurea*-Arten (Flockenblumen).

3 *Isocolus scabiosae*

Cynipidae (Gallwespen)

Beschreibung: Stängel auf etwa 5–15 cm Länge deutlich angeschwollen im Innern mit zahlreichen Larvenkammern, die jeweils eine Gallwespenlarve enthalten.
Vorkommen: An *Centaurea scabiosa* (Skabiosen-Flockenblume), in Südeuropa auch an anderen *Centaurea*-Arten; in Mitteleuropa ziemlich selten

1a

1b

1c

2

3

Centranthus Spornblume

1 *Trioza centranthi*

Psyllina (Blattflöhe)

Beschreibung: An Blättern, Knospen und Blüten blasige Verdickungen aus knorpelig festem, innen hohlem Pflanzengewebe, Blätter dabei oft spiralig gewunden und am Ende lang zugespitzt (**1b**). Im Innern der Blasen Blattflohlarven oder deren wachsartige Ausscheidungen.
Vorkommen: Nur an *Centranthus ruber* (Rote Spornblume), an deren Wuchsorten z.B. in Gärten und an Straßenrändern aber regelmäßig zu finden.

Cerastium Hornkraut

2 *Trioza cerastii*

Psyllina (Blattflöhe)

Beschreibung: Blütenstände vergrünt und zu einem rundlichen Knäuel aus blasigen, blattartigen Gebilden umgewandelt, oft auch die Triebe stark verkürzt und die Blätter zu länglich-ovalen Blasen umgebildet.
Vorkommen: An verschiedenen *Cerastium*-Arten (Hornkraut), besonders an *C. arvense* (Acker-Hornkraut).

1a

1b

2

1 *Urophora cardui* Distelbohrfliege

Tephritidae (Bohrfliegen)

Beschreibung: Haupt- oder Seitentriebe mit bis 5 cm langen und 2 cm dicken Schwellungen (**1a**). Diese zunächst grün und fleischig, später zunehmend bräunlich und holzartig fest, im Innern mehre mit jeweils einer Fliegenmade bzw. -Puppe besetzte Kammern (**1b**). Nicht selten zahlreiche derartige Gallen an einer Pflanze. Überwinterung der Puppentönnchen in den Gallen. Die sehr bunt gefärbten und gezeichneten Fliegen schlüpfen im Frühjahr. Flügel mit einer Omega-artigen, schwarzen Wellenzeichnung, Weibchen (**1c**) mit langem, schwarzem Legebohrer.
Vorkommen: An *Cirsium arvense* (Ackerkratzdistel), vor allem an halbschattigen Stellen und auf feuchten Wiesen, häufig.

2 *Urophora stylata*

Tephritidae (Bohrfliegen)

Beschreibung: Gallen im Blütenboden; die Blütenköpfe dabei äußerlich nur wenig verändert (**2c**), beim Zusammendrücken des Blütenkopfes aber die Galle als holzig fester Kern deutlich spürbar. Erst beim Aufschneiden wird die massive Veränderung im Innern des Blütenkopfes sichtbar: Der Blütenboden erscheint massiv verdickt und verhärtet, im Innern mit mehreren vertikal angeordneten Kammern, die jeweils eine Fliegenmade enthalten (**2b**). Fliegen ähnlich der Distelbohrfliege, doch dunkle Flügelzeichnung weniger ausgedehnt und Legebohrer des Weibchens noch länger (**2a**).
Vorkommen: An *Cirsium vulgare* (Gemeine Kratzdistel), wohl auch an anderen *Cirsium*-Arten; vorwiegend an trockenen Orten.

1a

1b

1c

2a

2b

2c

1 *Epitrimerus* sp.

Eriophyidae (Gallmilben)

Beschreibung: An den Spreiten und Blattstielen unregelmäßige rötliche Anschwellungen, die oberseits fein behaart sind. Zwei verschiedene Arten dieser Gattung, die nur schwer unterscheidbar sind.
Vorkommen: An *Clematis vitalba* (Gewöhnliche Waldrebe) und *C. flammula* (Brennende Waldrebe), nur im Mittelmeergebiet (Bild aus Kroatien), in Mitteleuropa fehlend.

2 *Puccinia* sp.

Uredinales (Rostpilze)

Beschreibung: An verschiedenen Teilen der Pflanze, vor allem an Blattstielen und Spreiten, bis etwa 10 mm dicke und bis über 5 cm lange, gelb oder orange gefärbte Anschwellungen. Auf der Oberfläche dieser im Querschnitt mehr oder weniger runden, oft – entsprechend der rankenden Wuchsform der Wirtspflanze – stark geschwungenen Verdickungen erscheinen teller- bis sternförmige, etwa 1 mm große Öffnungen, aus denen gelbe Sporenmassen ausgestreut werden. Verursacher sind verschiedene Arten dieser Rostpilzgattung.
Vorkommen: An verschiedenen *Clematis*-Arten, besonders an *C. vitalba* (Gewöhnliche Waldrebe), ziemlich häufig.

1

2

Convolvulus Winde

1 *Aceria convolvuli*

Eriophyidae (Gallmilben)

Beschreibung: Blätter mit verdickten Mittelrippen und eingerollt, dabei teilweise rötlich verfärbt und abnorm behaart, oft auch die ganzen Triebspitzen im Wachstum deutlich gehemmt.
Vorkommen: An *Convolvulus arvensis* (Ackerwinde), in Südeuropa auch an anderen *Convolvulus*-Arten.

Cornus Hartriegel

2 *Craneiobia corni*

Cecidomyiidae (Gallmücken)

Beschreibung: Auf der Blattoberseite entlang der Mittelrippe halbkugelige, feste, etwa 5 mm große Aufwölbungen (**2a**), denen auf der Unterseite zapfenartige, um 10 mm lange, nach unten meist verschmälerte Fortsätze entsprechen (**2b**). Färbung zunächst grün, später gelblich, oft mehr oder weniger rot. Im Innern eine oder mehrere Larvenkammern mit jeweils einer orange gefärbten Mückenlarve. Die Gallen erscheinen im Juli und reifen im August oder September.
Vorkommen: An *Cornus sanguinea* (Roter Hartriegel), seltener auch an anderen *Cornus*-Arten.

1

2a

2b

1 *Phytoptus avellanae*

Eriophyidae (Gallmilben)

Beschreibung: Meist etwa 5–8 mm große, deutlich verdickte Knospen an den Zweigen (**1a**), besonders im Spätherbst und Winter nach dem Laubfall auffällig. Im Innern der Knospe deutlich verändertes Pflanzengewebe (**1b**): Blattanlagen etwas verdickt und gekräuselt, mit zahlreichen warzenförmigen und korallenartigen Auswüchsen, außerdem eine besonders stark entwickelte Behaarung. Die Milben selbst (**1c**, hier in einem nur etwa 1,5 mm breiten Ausschnitt der aufgeschnittenen Galle) nur bei stärkerer Vergrößerung erkennbar; sie sind wie alle Gallmilben weiß mit nur zwei Beinpaaren, die ganz vorn am walzenförmig schmalen Körper sitzen.
Vorkommen: An *Corylus avellana* (Haselnuss), auch in Parks an eingeführten fremdländischen *Corylus*-Arten.

2 *Phyllocoptruta coryli*

Eriophyidae (Gallmilben)

Beschreibung: Die nächstjährigen männlichen Blütenkätzchen teilweise deutlich aufgetrieben, die Blütenschuppen dabei etwas vergrößert, behaart und seitlich abgespreizt, so dass die Oberfläche des Kätzchens in diesem Bereich gefranst erscheint. Ab dem Herbst und dann den ganzen Winter hindurch sichtbar.
Vorkommen: An *Corylus avellana* (Haselnuss), auch in größeren Beständen der Pflanze offenbar immer nur an einzelnen Sträuchern, dort aber manchmal gehäuft.
Ähnlich: Sehr ähnliche Gallbildungen erzeugt die Gallmücke *Contarinia corylina*. Ihre Larven vergallen aber oft die ganzen Blütenkätzchen; diese erscheinen dann deutlich verdickt, aber nicht so zerfranst, und sind vom späten Frühjahr bis zum Frühherbst von den Mückenlarven bewohnt.

1a

1b

1c

2

1 Gymnosporangium clavariiforme

Uredinales (Rostpilze)

Beschreibung: Verschiedene Bereiche der Pflanze, insbesondere Früchte (**1a**), Teile der Blätter, Blattstiele (**1b**) oder Zweigabschnitte deutlich verdickt und oft rötlich verfärbt, an der Oberfläche mit rötlichen Pusteln, aus denen schließlich pinselartige Sporenträger hervorwachsen.
Vorkommen: An *Crataegus*-Arten (Weißdorn), meist in der Nähe von *Juniperus communis* (Wacholder); ziemlich häufig.
Anmerkung: Eine andere Generation dieses Pilzes entwickelt sich am Wacholder in einer Zweiggalle (siehe S. 116).

2 Taphrina crataegi

Ascomycetes (Schlauchpilze)

Beschreibung: Blätter mit blasigen, oberseits oft gelblich oder rot verfärbten Aufwölbungen, die fast die gesamte Blattfläche umfassen können, unterseits später mit einem graugrünlichen Sporenlager.
Vorkommen: An *Crataegus*-Arten (Weißdorn), nicht selten.

3 Aceria crataegi

Eriophyidae (Gallmilben)

Beschreibung: Kleine, um 1 mm große, ober- und unterseits gewölbte Pusteln, meist in größerer Zahl dicht beieinander. Zunächst geschlossen und grün gefärbt, später aufbrechend und dann bräunlich werdend.
Vorkommen: An *Crataegus*-Arten (Weißdorn), nicht häufig.

1a

1b

2

3

Crataegus Weißdorn

1 Phyllocoptes goniothorax
Eriophyidae (Gallmilben)

Beschreibung: Blattrand auf etwa 3–15 mm Länge eng aufgerollt, oft gelblich oder rot verfärbt; diese Rolle innen dicht behaart.
Vorkommen: An *Crataegus*-Arten (Weißdorn) fast überall häufig.

2 Dasyneura crataegi
Cecidomyiidae (Gallmücken)

Beschreibung: Triebspitze gestaucht mit etwas verdickten und deformierten Blättern, diese ober- und unterseits dicht mit feinen, 1–2 mm langen Papillen besetzt. Zwischen den Blättern zahlreiche orangerote Mückenlarven.
Vorkommen: An *Crataegus*-Arten (Weißdorn).

Cuscuta Teufelsseide

3 Smicronyx sp.
Curculionidae (Rüsselkäfer)

Beschreibung: Sprosse mit kugel- spindel- oder tropfenförmigen, meist um 1 cm großen, fleischigen Anschwellungen. Diese im Innern mit ein oder zwei Kammern, die jeweils eine Käferlarve enthalten. Erscheinen im Frühsommer; die fertigen Rüsselkäfer schlüpfen im Hochsommer. Mehrere schwer unterscheidbare Arten.
Vorkommen: An den bleichen Trieben von *Cuscuta*-Arten (Teufelsseide), die als Vollschmarotzer an anderen Pflanzen (z. B. Brennnesseln oder Heidekraut) leben.

1

2

3

Cytisus Besenginster

1 *Aceria genistae*
Eriophyidae (Gallmilben)

Beschreibung: Weißgrau pelzig behaarte, bis 40 mm große Klumpen aus umgewandelten Blättern an den Zweigen, oft zu mehreren dicht beieinander. Zunächst hellgrün gefärbt, später graubraun und dann noch lange Zeit an der Pflanze zu erkennen.
Vorkommen: An *Cytisus scoparius* (Besenginster), auch in größeren Beständen der Pflanze meist nur an einzelnen Sträuchern, dort aber oft in großer Zahl zu finden.

Dryopteris Wurmfarn

2 *Chirosia betuleti*
Anthomyiidae (Blumenfliegen)

Beschreibung: Spitze des Farnwedels spiralig eingerollt, die Fiederblättchen in diesem Bereich verkrümmt und unregelmäßig abgespreizt. In der Wedelachse eine Kammer mit einer Fliegenlarve. Vom Sommer bis in den Herbst zu finden.
Vorkommen: An verschiedenen *Dryopteris*-Arten (Wurmfarn) und *Athyrium filix-femina* (Frauenfarn), ziemlich häufig.

Epilobium Weidenröschen

3 *Dasyneura epilobii*
Cecidomyiidae (Gallmücken)

Beschreibung: Blütenknospen deutlich angeschwollen, sich nicht öffnend (rechts und links oberhalb der Bildmitte), z. T. mit verkümmerten Resten der Blütenblätter (links unterhalb der Bildmitte). Enthalten gelb-orangefarbene Mückenlarven.
Vorkommen: An *Epilobium angustifolium* (Wald-Weidenröschen), überall häufig.

1

2

3

Erica Heide

1 *Wachtliella ericina*

Cecidomyiidae (Gallmücken)

Beschreibung: Artischockenartige Galle aus zahlreichen, eng gestellten Blättern (diese etwas kürzer und breiter als normal) an der gestauchten Triebspitze. In der Galle eine rot gefärbte Mückenlarve. Das ganze Jahr hindurch zu finden, aber oft schwer zu erkennen.
Vorkommen: An *Erica carnea* (Schneeheide), vor allem an ihren natürlichen Standorten in den Alpen.

Euonymus Pfaffenhütchen

2 *Eriophyes convolvens*

Eriophyidae (Gallmilben)

Beschreibung: Blattrand teilweise oder auf der ganzen Länge eng nach oben aufgerollt, meist grün, selten leuchtend rot (wie hier abgebildet) gefärbt. Manchmal kann auch die Mittelrippe verdickt sein. Ab Mai bis in den Herbst zu finden.
Vorkommen: An *Euonymus europaeus* (Pfaffenhütchen) überall sehr häufig.

Eupatorium Wasserdost

3 *Adaina microdactyla*

Pterophoridae (Federmotten)

Beschreibung: Stängel unter einem Knoten etwas angeschwollen, im Innern eine weißliche Raupe in ihrem Fraßgang (**3b**). Vor der Verpuppung nagt diese einen Gang nach außen (**3a**), durch den der fertige Falter später die Pflanze verlässt. Falter einfarbig gelbbraun, Vorderflügel in zwei, Hinterflügel in drei federartig zerteilte Zipfel aufgespalten, Flügelspannweite um 15 mm. Gelegentlich auf den Blütenständen der Wirtspflanze zu beobachten.
Vorkommen: An *Eupatorium cinnabinum* (Wasserdost), nicht häufig.

1a 1b

2

3a 3b

1 *Uromyces pisi-sativi*

Uredinales (Rostpilze)

Beschreibung: Sprosse gegenüber den normal entwickelten Pflanzen meist deutlich verlängert (in **1a** Zustand kurz nach dem Austreiben im zeitigen Frühjahr), ohne Blüten und mit viel kleineren Blättern als üblich, im Frühjahr an der Triebspitze ein Schopf aus dichter gestellten Blättern, die unterseits punktförmige Öffnungen von Sporenbehältern tragen.
Vorkommen: An Standorten von *Euphorbia cyparissias* (Zypressenwolfsmilch) überall häufig, seltener auch an anderen *Euphorbia*-Arten.
Anmerkung: Eine andere Generation dieses Pilzes entwickelt sich an Schmetterlingsblütlern (Fabaceae), etwa an *Pisum sativum* (Erbse).

2 *Spurgia euphorbiae* (= *Bayeria capitigena, Dasyneura subpatula*)

Cecidomyiidae(Gallmücken)

Beschreibung: Sprossspitze mit einem artischockenartigen Schopf aus eingekrümmten, deutlich verbreiterten und verkürzten Blättern, die meist leuchtend rot gefärbt sind (**2a**) oder mit einer länglich-schmalen, am Ende zugespitzten Knospe aus kaum veränderten, grünen Blättern (**2b**). Im Innern orangerote Mückenlarven.
Vorkommen: An *Euphorbia cyparissias* (Zypressenwolfsmilch), ziemlich häufig.
Anmerkung: Die beiden deutlich verschiedenen Formen dieser Galle wurden in der älteren Literatur zwei verschiedenen Gallmückenarten zugeschrieben, inzwischen ist es aber offenbar unbestritten, dass es sich in beiden Fällen um die gleiche Verursacherin handelt.

1a

1b

2a

2b

1 *Acalitus plicans*

Eriophyiidae (Gallmilben)

Beschreibung: Blätter kleiner als normal, im Spitzenteil oder auf fast der ganzen Fläche entlang der Nerven längsfaltig zusammengezogen, Nerven und Blattfläche deutlich verdickt und unterseits pelzig behaart, oft rötlich verfärbt.
Vorkommen: An *Fagus sylvatica* (Rotbuche), nicht häufig.

2 *Acalitus stenaspis*

Eriophyiidae (Gallmilben)

Beschreibung: Blattränder mit einer sehr schmalen und festen Randrollung nach oben, diese innen behaart und grün oder gelblich bis weißlich gefärbt, oft fast das gesamte Blatt umfassend. In der Rolle die Gallmilben.
Vorkommen: An *Fagus sylvatica* (Rotbuche), fast überall häufig.

3 *Aceria nervisequus (= Aceria fagineus)*

Eriophyiidae (Gallmilben)

Beschreibung: Auf der Blattoberseite filzige, linienförmige Behaarung entlang der Blattnerven (**3b**), auf der Unterseite runde bis lang-ovale Haarflecke zwischen den Nerven (**3a**). Behaarung zunächst schneeweiß, später braun.
Vorkommen: An *Fagus sylvatica* (Rotbuche), häufig.
Anmerkung: Die auf der Blattunterseite in den Filzflecken lebende Gallmilbe galt bis vor kurzem als eigenständige Art (*Aceria fagineus*), wird aber nach der neuesten Literatur (Roskam 2009) mit *A. nervisequus* zusammengezogen.

1

2

3a

3b

1 *Mikiola fagi* Buchengallmücke
Cecidomyiidae (Gallmücken)

Beschreibung: Gallen auf der Blattoberseite, glatt, eiförmig und nach oben zugespitzt, bis 12 mm hoch. Wand sehr fest und dick, im Innern ein geräumiger Hohlraum mit einer weißen Mückenlarve. Die Galle löst sich im Herbst vom Blatt und fällt mit diesem zu Boden. Hier verpuppt sich die Larve im zeitigen Frühjahr. Die fertige Mücke verlässt die Galle durch ein zartes Häutchen an der Gallenbasis, das sie mit ihrem Kopf durchstößt. Fertige Mücke mit 4–5 mm Länge größer als die meisten übrigen Gallmücken, durch ihren roten Hinterleib gut zu erkennen (Abbildung der Mücke auf S. 22).
Vorkommen: An *Fagus sylvatica* (Rotbuche), häufig.

2 *Hartigiola annulipes*
Cecidomyiidae (Gallmücken)

Beschreibung: Rundliche bis länglich-eiförmige, meist lang behaarte und bis etwa 5 mm Galle auf der Blattoberseite, weiß oder bräunlich bis leuchtend rot gefärbt (**2b**). Zu Beginn des Gallenwachstums erscheinen auf den Blättern transparente, kreisrunde, etwa 1 mm große Flecke mit einem dunkleren Punkt in der Mitte (**2a**).
Vorkommen: An *Fagus sylvatica* (Rotbuche), ziemlich häufig, aber meist seltener als die *Mikiola*-Gallen.
Anmerkung: Wie auch die *Mikiola*-Gallen jahrweise in sehr unterschiedlicher Häufigkeit. Ursache hierfür sind vor allem winzige Wespen, die die Gallmückenlarven parasitieren.

3 *Phegomyia fagicola*
Cecidomyiidae (Gallmücken)

Beschreibung: Blätter entlang eines oder mehrerer Seitennerven faltig zusammengezogen, im Innern dieser Blatttaschen jeweils zwei oder drei rötliche Gallmückenlarven.
Vorkommen: An *Fagus sylvatica* (Rotbuche), nicht häufig.

1a

1b

2a

2b

3a

3b

1 Triphragmium ulmaria
Uredinales (Rostpilze)

Beschreibung: Blätter verdreht und z. T. verkümmert, besonders entlang der Blattadern mit leuchtend orangefarbenen Sporenlagern.
Vorkommen: An *Filipendula ulmaria* (Gemeines Mädesüß), häufig.
Ähnlich: An *Filipendula vulgaris* (Knolliges Mädesüß) die sehr ähnlichen Gallen des Rostpilzes *Triphragmium filipendulae*.

2 Dasyneura engstfeldi
Cecidomyiidae (Gallmücken)

Beschreibung: Blätter am Rand oder entlang der Blattnerven deutlich angeschwollen und hier gelblich bis rot verfärbt. Auch die Blütenknospen können verdickt und rot gefärbt sein.
Vorkommen: An *Filipendula ulmaria* (Gemeines Mädesüß), nicht häufig.

3 Dasyneura pustulans
Cecidomyiidae (Gallmücken)

Beschreibung: Auf der Blattfläche etwa 1 mm große Pusteln, jeweils umgeben von einem kreisförmigen, gelben Hof mit etwa 5 mm Durchmesser.
Vorkommen: An *Filipendula ulmaria* (Gemeines Mädesüß), häufig.

1

2a

2b

3

Filipendula Mädesüß

1 *Dasyneura ulmaria*
Cecidomyiidae (Gallmücken)

Beschreibung: Auf der Blattoberseite rundliche, 2–3 mm große, grün, gelblich oder rot gefärbte Anschwellungen, die sich unterseits in behaarten, kegelförmigen Erhebungen fortsetzen.
Vorkommen: An *Filipendula ulmaria* (Gemeines Mädesüß), häufig.

Forsythia Forsythie

2 *Unbekannter Verursacher*

Beschreibung: An den Zweigen knollige, bis etwa 5 cm große Verdickungen, z. T. mit finger- oder wurzelartigen Auswüchsen, die bald absterben, aber dann noch jahrelang erhalten bleiben.
Vorkommen: An *Forsythia x intermedia* (Forsythie) überall häufig.
Anmerkung: Der Erreger dieser regelmäßig auftretenden Gallbildung ist derzeit noch nicht sicher bekannt. Es gelang zwar, bestimmte Bakterien zu isolieren, es ließ sich damit aber an anderen Exemplaren der Pflanze keine Gallbildung bewirken. Es wäre z. B. auch denkbar, dass die Gallen erst sekundär von diesen Bakterien besiedelt werden.

Frangula Faulbaum

3 *Puccinia coronata*
Uredinales (Rostpilze)

Beschreibung: An verschiedenen Stellen der Pflanze, besonders aber an der Unterseite der Blattbasis, eine deutliche Anschwellung, auf der leuchtend orange gefärbte, etwa 1/2 mm große Blasen entstehen, die anschließend aufplatzen und ebenso gefärbte Sporen ausstreuen.
Vorkommen: An *Frangula alnus* (Faulbaum), häufig.

1

2

3

1 *Aceria fraxinivora*

Eriophyidae (Gallmilben)

Beschreibung: Teile des Blütenstandes oder Blattknospen in blumenkohlartige, 5–20 mm große, sehr feste Knoten umgewandelt; diese zunächst hell rotbraun, später fast schwarz gefärbt. Die abgestorbenen, im Volksmund als „Klunkerngallen“ bekannten Gebilde fallen besonders im Winter an den entlaubten Zweigen noch jahrelang ins Auge (**1b**).
Vorkommen: An *Fraxinus excelsior* (Gewöhnliche Esche), auch an *Fraxinus ornus* (Blumenesche) und anderen, in Parks gepflanzten *Fraxinus*-Arten, häufig.

2 *Prociphilus* sp.

Aphidina (Blattläuse)

Beschreibung: Blattstiele und Blattspreiten verkrümmt und zu einem nestartigen, fast geschlossenen Gebilde zusammenneigend. Darin zahlreiche dunkelgrüne, durch wollige, weiße Wachsausscheidungen auffallende Blattläuse. Diese werden fast immer von zahlreichen Ameisen der Gattung *Lasius* (Wegameisen) besucht und eifrig betrillert, um sie zur Abgabe ihrer zuckerhaltigen Ausscheidungen zu bewegen (**2b**). Zwei verschiedene, sehr schwer zu unterscheidende Blattlausarten dieser Gattung.
Vorkommen: An *Fraxinus excelsior* (Gewöhnliche Esche), ziemlich häufig.

3 *Psyllopsis fraxini*

Psyllina (Blattflöhe)

Beschreibung: Blattrand knorpelig-blasig verdickt und nach oben oder unten aufgerollt, meist teilweise oder ganz violett verfärbt. In der Rolle grün gefärbte Blattflohlarven mit klebrigen Wachsausscheidungen oder die ausgewachsenen Blattflöhe, die durch ihre kontrastreiche, schwarz-weiß gefleckte Flügelzeichnung und die roten Augen kaum mit anderen Arten zu verwechseln sind (**3b**).
Vorkommen: An *Fraxinus excelsior* (Gewöhnliche Esche), häufig.
Anmerkung: In den Blattrollen findet man gelegentlich die Blumenwanzen *Anthocoris amplicollis* und *A. simulans*, die sich vorzugsweise von den Larven dieses Blattflohs, aber z. B. auch von den Blattläusen der Gattung *Prociphilus* ernähren (Wachmann et al. 2006).

1a

1b

2a

2b

3a

3b

1 *Dasyneura acrophila*

Cecidomyiidae (Gallmücken)

Beschreibung: Blattfieder entlang der Mittelrippe blasig verdickt, restliche Blattfläche stark reduziert bis fast vollkommen fehlend, Galle dann an eine Erbsenschote erinnernd (**1a**). In der Galle zahlreiche weiße Mückenlarven mir grün durchschimmerndem Darminhalt (**1b**).
Vorkommen: An *Fraxinus excelsior* (Gewöhnliche Esche), auch an fremdländischen *Fraxinus*-Arten, ziemlich häufig.

2 *Dasyneura fraxini*

Cecidomyiidae (Gallmücken)

Beschreibung: Mittelrippe der Blattfieder unterseits auf bis zu 10 mm Länge wulstig verdickt und oft rotviolett verfärbt (**2b**), oberseits später mit einem an beiden Seiten behaarten Schlitz (**2a**). In der Galle jeweils eine orangefarbene Mückenlarve.
Vorkommen: An *Fraxinus excelsior* (Gewöhnliche Esche) und *F. ornus* (Blumenesche), auch an nicht heimischen *Fraxinus*-Arten, ziemlich häufig und oft zusammen mit den Gallen von *D. acrophila* auf den gleichen Bäumen.

1a

1b

1c

2a

2b

1 *Cecidophyes galii*

Eriophyidae (Gallmilben)

Beschreibung: Blätter vom Rand her nach oben oder unten eingerollt und zusätzlich sichelförmig bis spiralig eingekrümmt. Außer den Sprossspitzen sind meist auch weiter unten liegende Teile der Pflanze betroffen. Je nach Wirtspflanzenart kann die Galle mehr oder weniger stark behaart sein.
Vorkommen: An verschiedenen *Galium*-Arten, besonders an *Galium aparine* (Kleb-Labkraut)
Ähnlich: Einige weitere Gallmilben erzeugen ähnliche Gallen an *Galium*, die aber meist auf die Triebspitzen beschränkt sind.

2 *Schizomyia galiorum*

Cecidomyiidae (Gallmücken)

Beschreibung: Einzelne Knospen in einem ansonsten normal entwickelten Blütenstand länglich-eiförmig angeschwollen und dunkel violett gefärbt, sich nicht öffnend. Im Innern mit Pilzfäden und 1–3 gelblich gefärbten Mückenlarven.
Vorkommen: An verschiedenen *Galium*-Arten, besonders an *Galium album* (Gemeines Labkraut), nicht selten.

3 *Geocrypta galii*

Cecidomyiidae (Gallmücken)

Beschreibung: Verschiedene Teile der Pflanze, insbesondere die oberen Stängelteile oberhalb der Blattquirle zu bis etwa 10 mm großen, schwammigen, mehr oder weniger rundlichen Gebilden angeschwollen; diese grün, rötlich oder weißlich gefärbt. Oft mehrere dieser Gallen stockwerkartig übereinander. Im Inneren mehrere Larvenkammern mit gelben oder orangefarbenen Larven (**3a**). Bei der Reife öffnen sich die Gallen sternförmig mit einem behaarten Ausgang. Im Jahr mehrere Generationen.
Vorkommen: An verschiedenen *Galium*-Arten, besonders an *Galium verum* (Echtes Labkraut), *G. album* (Gemeines Labkraut) und *G. sylvaticum* (Wald-Labkraut).

1

2

3a

3b

Ganoderma Lackporling

1 *Agathomyia wankowiczii*

Platypezidae (Rollfliegen)

Beschreibung: Auf der Unterseite der Pilzfruchtkörper (selten auch auf ihrer Oberseite) zylindrische bis fingerförmige, 5–10 mm lange Auswüchse. Diese Gallen an der Seite oft gebräunt und am Ende mit einer etwa 1 mm weiten Öffnung. Im Innern eine Fliegenmade, die sich im Sommer aus der Öffnung herausfallen lässt und am Boden verpuppt.
Vorkommen: Nur an *Ganoderma lipsiense* (= *G. applanatum*) (Flacher Lackporling), gebietsweise ziemlich häufig.

Genista Ginster

2 *Jaapiella genistocola*

Cecidomyiidae (Gallmücken)

Beschreibung: Blätter an den Triebspitzen zu einer artischockenartigen, kugeligen oder eiförmigen, bis 10 mm großen Galle zusammenneigend. Im Innern eine oder mehrere zunächst weiße, später hell rosa gefärbte Mückenlarven.
Vorkommen: Vorwiegend an *Genista tinctoria* (Färberginster), selten an anderen Arten dieser Gattung, nicht häufig.

3 *Contarinia melanocera*

Cecidomyiidae (Gallmücken)

Beschreibung: Trieb über mehrere Blattansätze stark gestaucht und zu einer kugeligen oder länglich-ovalen, bis etwa 10 mm großen Galle angeschwollen. Blätter meist mehr oder weniger reduziert, oft als Schopf am oberen Ende. Im Innern meist mehrere Larvenkammern mit jeweils einer rötlich gefärbten Mückenlarve.
Vorkommen: Vorwiegend an *Genista tinctoria* (Färberginster), seltener an *G. germanica* (Deutscher Ginster) oder anderen Arten dieser Gattung, ziemlich selten.

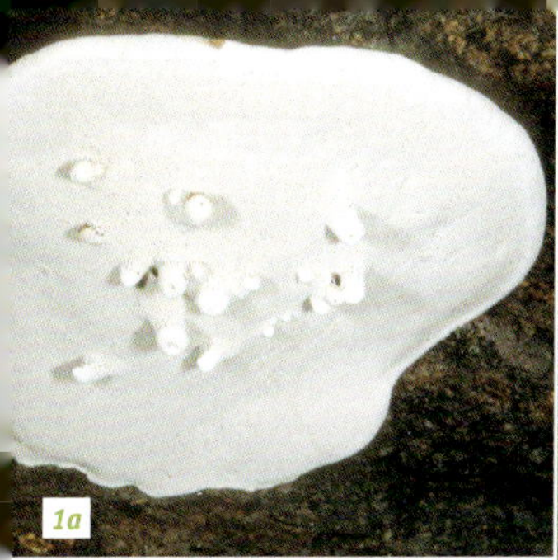

1a

1b

2

3

Geranium Storchschnabel

1 *Aceria geranii*

Eriophyidae (Gallmilben)

Beschreibung: Alle Teile der fingerförmig zerschlitzten Blattspreite zu etwa 1 mm dicken Röhren nach oben eingerollt und oft rötlich verfärbt. Je nach Wirtsart fast kahl oder mehr oder weniger behaart.
Vorkommen: Vorwiegend an *Geranium sanguineum* (Blut-Storchschnabel), daneben auch an anderen *Geranium*-Arten.

Geum Nelkenwurz

2 *Cecidophyes nudus*

Eriophyidae (Gallmilben)

Beschreibung: Blätter oberseits blasig aufgewölbt und oft rot verfärbt (**2a**), unterseits in den diesen Aufwölbungen entsprechenden Vertiefungen eine dichte, filzige Behaarung (**2b**); diese zunächst leuchtend weiß, später bräunlich. Nicht selten die ganzen Blätter stark verunstaltet oder Aufwölbungen und Behaarung umgekehrt verteilt, oft auch auf andere Teile der Pflanze übergreifend.
Vorkommen: Besonders auf *Geum urbanum* (Echte Nelkenwurz), auch an *G. rivale* (Bach-Nelkenwurz) und anderen Arten dieser Gattung, überall häufig.

1

2a

2b

1 *Dasyneura glechomae*

Cecidomyiidae (Gallmücken)

Beschreibung: Oberstes Blattpaar zusammengelegt, Mitte der Blattspreiten bauchig erweitert und etwas verdickt, oft rötlich verfärbt. In dieser taschenartigen Galle mehrere weißliche Mückenlarven. Die gleiche Gallmücke kann sich auch in verdickten, sich nicht öffnenden Knospen der Pflanze entwickeln.
Vorkommen: An *Glechoma hederacea* (Gundermann), ziemlich selten.

2 *Rondaniola bursaria*

Cecidomyiidae (Gallmücken)

Beschreibung: Abgerundet zylindrische, behaarte Gallen von etwa 4 mm Höhe und gut 1 mm Durchmesser auf der Blattoberseite, zunächst grün, später meist rötlich gefärbt. Meist zu mehreren nebeneinander. Im Innern jeweils eine weiße Mückenlarve. Im Spätsommer fallen die Gallen zu Boden und hinterlassen in der Blattspreite kreisrunde, etwa 1 mm große Löcher (**2b**).
Vorkommen: An *Glechoma hederacea* (Gundermann), nicht selten.

3 *Liposthenes glechomae*

Cynipidae (Gallwespen)

Beschreibung: Kugelige, bis etwa 15 mm große, außen lang behaarte Gallen, meist auf der Blattunterseite, bisweilen auch oberseitig oder am Pflanzenstängel. Ziemlich dünnwandig, im Innern mit einem sternförmig von der zentral gelegenen Larvenkammer ausgehenden, schwammigen Gewebe. Einkammerig; durch Zusammenwachsen mehrerer Einzelgallen können größere, unregelmäßige Komplexe entstehen, die dann mehrere Larvenkammern mit jeweils einer Wespenlarve enthalten (**3a, 3b**). Färbung meist grün, seltener leuchtend rot (**3a**).
Vorkommen: An *Glechoma hederacea* (Gundermann); in manchen Jahren nicht selten, bisweilen sogar massenhaft, in anderen fast gar nicht zu finden.

1

2a

2b

3a

3b

3c

Helianthemum Sonnenröschen

1 *Contarinia helianthemi*
Cecidomyiidae (Gallmücken)

Beschreibung: Blätter an der Triebspitze etwas verdickt, verbreitert und oft stark behaart, zu einer etwa 10 mm großen Knospe zusammenneigend. In Innern mehrere orangefarbene Mückenlarven. Larven von Mai bis Juli und dann wieder im Spätsommer in zwei Generationen.
Vorkommen: An verschiedenen *Helianthemum*-Arten (Sonnenröschen), nicht häufig.

Hemerocallis Taglilie

2 *Contarinia quinquenotata*
Cecidomyiidae (Gallmücken)

Beschreibung: Blütenknospen verkürzt und deutlich verdickt, sich meist nicht öffnend (im Bild die rechte Knospe, die linke normal entwickelt). Blütenblätter, Staubgefäße und sonstige Blütenorgane mehr oder weniger deutlich missgebildet. Im Innern zahlreiche weiß oder bräunlich gefärbte Mückenlarven.
Vorkommen: An *Hemerocallis fulva* (Taglilie), vor allem in Gärten und Parkanlagen ziemlich häufig und sich oft zu einer Plage entwickelnd.

Hieracium Habichtskraut

3 *Dilenchus dipsaci*
Nematoda (Fadenwürmer)

Beschreibung: Stängel besonders in Bodennähe bis auf etwa 4 mm Durchmesser schwammig angeschwollen und oft stark verbogen, auch höher am Stängel und hier z. B. auf die Basis des Blütenstands und auf die Blattstiele übergreifend.
Vorkommen: Besonders an *Hieracium pilosella* (Kleines Habichtskraut) und seinen näheren Verwandten, ziemlich selten.

1

2

3

1 *Aulacidea hieracii*
Cynipidae (Gallwespen)

Beschreibung: Bis 4 cm große, rundliche bis eiförmige Anschwellung des Stängels, je nach Wirtsart kahl (**1a**) oder mehr oder weniger dicht behaart (**1b**). Im Innern zahlreiche Larvenkammern mit jeweils einer Wespenlarve. Durch die Gallbildung Stängel oft stark verkürzt.
Vorkommen: An verschiedenen *Hieracium*-Arten, vor allem solchen aus der Verwandtschaft von *Hieracium umbellatum* (Doldiges Habichtskraut), jahrweise in sehr unterschiedlicher Häufigkeit.

2 *Aulacidea pilosellae*
Cynipidae (Gallwespen)

Beschreibung: Ovale, knapp 5 mm lange Anschwellung an der Unterseite der Blattmittelrippe oder eines Blattstiels, meist rot gefärbt und oft zu mehreren zusammenfließend. Im Innern jeder Einzelgalle 1–2 Larvenkammern.
Vorkommen: An *Hieracium*-Arten aus der näheren Verwandtschaft von *Hieracium pilosella* (Kleines Habichtskraut), nicht häufig.

3 *Trioza proxima*
Psyllina (Blattflöhe)

Beschreibung: Blätter löffelartig gewölbt, unterseits rötlich verfärbt und mit zahlreichen Aufwölbungen, denen Vertiefungen auf der Blattoberseite entsprechen. In den Vertiefungen gelbe Eier oder ebenso gefärbte Blattflohlarven mit stabförmigen, weißen Wachsausscheidungen rings um den gesamten Körperrand (**3b**)
Vorkommen: An *Hieracium pilosella* (Kleines Habichtskraut) und verwandten Arten, besonders im Bergland nicht selten.

1a

1b

2a

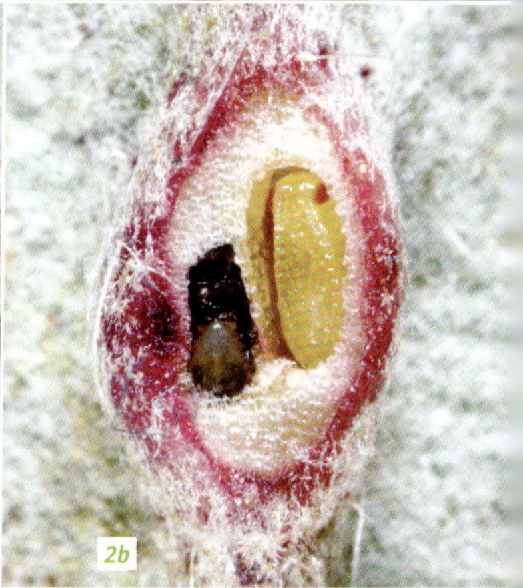
2b

3a

3b

Hypericum Johanniskraut

1 *Dasyneura hyperici*
Cecidomyiidae (Gallmücken)

Beschreibung: Blätter an der Triebspitze verkleinert und vom nächst tieferen Blattpaar umhüllt, an der Basis etwas verdickt und hier oft gelb oder rötlich verfärbt. Im Innern mehrere zunächst weiße, später rötlich gefärbte Larven.
Vorkommen: An verschiedenen *Hypericum*-Arten (Johanniskraut), nicht selten.

Juglans Walnuss

2 *Aceria erineus*
Eriophyidae (Gallmilben)

Beschreibung: Auf der Blattoberseite blasenartige, oft gelb verfärbte Emporwölbungen von etwa 10 mm Durchmesser, denen auf der Unterseite oft winklig von Blattadern begrenzte, etwas eingesenkte Felder entsprechen. Diese Felder mit dichter, zunächst weißer bis gelblicher Behaarung und durch die Blattadern ziemlich regelmäßig gegittert, später braun und unansehnlich.
Vorkommen: An *Juglans regia* (Walnuss), fast überall häufig.
Anmerkung: Die Galle ist auch als „Filzkrankheit" der Walnuss bekannt.

3 *Aceria tristriatus*
Eriophyidae (Gallmilben)

Beschreibung: 1–2 mm große Pusteln, die meist auf beiden Blattseiten erscheinen und besonders entlang der Blattadern angeordnet sind. Färbung zunächst grün, dann gelblich oder rot, später dunkelbraun.
Vorkommen: An *Juglans regia* (Walnuss), meist etwas seltener als *A. erineus*.
Anmerkung: Die Galle ist auch als „Pockenkrankheit" der Walnuss bekannt.

Juncus Binse

4 *Livia juncorum*
Psyllina (Blattflöhe)

Beschreibung: Vor allem der Blütenstand stark gestaucht und in schopfig gehäufte Blattbüschel umgewandelt, die aber fast nur aus den schmal schuppenförmigen Blattscheiden bestehen. Meist mehr oder weniger rot gefärbt; unter den Blattscheiden Blattflohlarven oder die fertigen Blattflöhe. Diese sind durch die hellbraune Färbung und ihre nach vorn flach auslaufende Silhouette unverkennbar (**4a**).
Vorkommen: Besonders an *Juncus caespitosus* (Rasenbinse), aber auch an anderen *Juncus*-Arten.

1

2

3

4a

4b

Juniperus Wacholder

1 *Gymnosporangium clavariiforme*

Uredinales (Rostpilze)

Beschreibung: Zweige auf meist 3–5 cm Länge ei- bis spindelförmig angeschwollen. Von März bis Mai erscheinen zahlreiche Sporenträger, die bei nasser Witterung zu bandförmigen oder zylindrischen, bis 10 mm langen, leuchtend gelben Pilzkörpern aufquellen, bei Trockenheit aber zu unscheinbaren, dunkelbraunen Gebilden zusammenschrumpfen.
Vorkommen: An *Juniperus communis* (Gemeiner Wacholder), meist nicht selten.
Anmerkung: Eine andere Generation dieses Pilzes entwickelt sich an *Crataegus* (Weißdorn) oder seltener an *Pyrus* (Birne).

2 *Oligotrophus panteli*

Cecidomyiidae (Gallmücken)

Beschreibung: Nadeln an der Zweigspitze am Grund verdickt, am Ende kegelförmig zusammenneigend und scharf zugespitzt. Diese Galle bis 12 mm lang; im Innern eine orangefarbene Mückenlarve.
Vorkommen: An *Juniperus communis* (Gemeiner Wacholder), häufig.
Ähnlich: Weitere, ähnliche Gallen anderer Gallmücken an der gleiche Pflanzen, die aber meist kleiner oder am Ende nicht scharf zugespitzt sind.

Lamium Taubnessel

3 *Dasineura lamii*

Cecidomyiidae (Gallmücken)

Beschreibung: Blütenknospen zu bis 7 mm großen Blasen angeschwollen, sich nicht öffnend (im Bild der untere Blütenquirl). Im Innern mehrere weiße Mückenlarven.
Vorkommen: An *Lamium maculatum* (Gefleckte Taubnessel), nicht häufig.

4 *Dasineura lamiicola*

Cecidomyiidae (Gallmücken)

Beschreibung: Knapp 10 mm große, filzig behaarte Galle an Knospen unterirdischer Ausläufer, seltener auch oberirdisch am Pflanzenstängel, innen mit weißen Mückenlarven.
Vorkommen: An *Lamium maculatum* (Gefleckte Taubnessel) und *L. album* (Weiße Taubnessel).
Ähnlich: An Arten der nahe verwandten Gattung *Lamiastrum* (Goldnessel) die sehr ähnliche, aber etwas kleinere und meist weniger stark behaarte Knospengalle der Gallmücke *Dasyneura strumosa*.

1
2
3
4

Lapsana Hasenkohl

1 *Phanacis lampsanae*

Cynipidae (Gallwespen)

Beschreibung: Stängel mit unregelmäßiger, oft deutlich gebogener Anschwellung von bis zu 6 cm Länge und 1 cm Durchmesser. Im Innern zahlreiche Kammern mit jeweils einer Wespenlarve.
Vorkommen: An *Lapsana communis* (Hasenkohl), selten.

Linaria Leinkraut

2 *Gymnetron anthirrhini*

Curculionidae (Rüsselkäfer)

Beschreibung: Fruchtkapseln stark angeschwollen, im Innern jeweils eine Käferlarve oder -puppe.
Vorkommen: An jungen Früchten verschiedener *Linaria*-Arten, nicht selten.
Ähnlich: Mehrere weitere *Gymnetron*-Arten mit ähnlicher Entwicklungsweise; Bestimmung daher nicht ganz sicher.

3 *Gymnetron linariae*

Curculionidae (Rüsselkäfer)

Beschreibung: An oberflächennahen Wurzeln kugelige, einkammerige, fleischige Anschwellungen von bis zu 6 mm Durchmesser, oft zu mehreren zusammenfließend. Im Innern jeweils eine Larvenkammer, darin eine Käferlarve mit hell gelblicher Kopfkapsel (**3b**).
Vorkommen: An *Linaria vulgaris* (Gewöhnliches Leinkraut) und anderen *Linaria*-Arten. Anscheinend nicht selten, aber sehr schwer zu finden.
Ähnlich: Sehr ähnliche Gallen an *Linaria* durch den Rüsselkäfer *Gymnetron collinum*, dessen Larven aber eine dunkelbraune Kopfkapsel besitzen.

1

2

3a

3b

1 *Aculus xylostei*

Eriophyidae (Gallmilben)

Beschreibung: Enge und feste Einrollung des Blattrandes auf kurzer Strecke oder fast den gesamten Rand des Blattes einnehmend. Dieser eingerollte Blattrand ziemlich geradlinig oder mehr oder weniger stark gekräuselt, manchmal rot verfärbt. Vom Frühjahr bis in den Herbst zu finden.
Vorkommen: An *Lonicera xylosteum* (Wald-Geißblatt), ziemlich häufig.
Ähnlich: Weniger feste Blattrandrollen an *Lonicera* durch verschiedene Gallmückenarten.

2 *Contarinia lonicerarum*

Cecidomyiidae (Gallmücken)

Beschreibung: Blütenknospen an der Basis stark angeschwollen und oft rot verfärbt, sich nicht öffnend. Innere Blütenteile weitgehend reduziert. Im Innern mehrere gelbe Mückenlarven.
Vorkommen: An verschiedenen *Lonicera*-Arten (Heckenkirsche), häufig.

3 *Hoplocampoides xylostei*

Tenthredinidae (Blattwespen)

Beschreibung: Jungtrieb an der Spitze stark angeschwollen und meist leuchtend rot gefärbt, in Form, Größe und Färbung etwa einem Radieschen entsprechend. Außen mit mehreren weitgehend normal entwickelten Blättern, innen mit einem länglichen Hohlraum, in dem sich die Blattwespenlarve (wie für diese Familie typisch, mit einem punktförmigen Augenpaar und zahlreichen, stummelförmigen Bauchfüßen) befindet. Gallentwicklung im Mai und Juni, danach schnell vertrocknend. Die fertige, dunkel gefärbte Blattwespe tritt bereits sehr zeitig im Frühjahr auf.
Vorkommen: An verschiedenen *Lonicera*-Arten (Heckenkirsche), selten.

1
2a
2b
3a
3b

Lonicera Heckenkirsche

1 *Pterotopteryx dodecadactyla*

Alucitidae (Federgeistchen)

Beschreibung: Zweig der Wirtspflanze auf 2–3 cm Länge spindelförmig angeschwollen. Im Innern des Zweiges ein Fraßgang mit rötlich gefärbter Schmetterlingsraupe (Abbildung siehe S. 21). Diese bohrt vor der Verpuppung einen Ausgang, durch den der schlüpfende Falter später den Zweig verlässt. Vorder- und Hinterflügel des Falters (**1b**) fingerförmig in jeweils sechs federartig zerfranste Fiedern unterteilt. Färbung hell graubraun, Flügelfiedern mit dunkelbraunen und weißen Querbinden.
Vorkommen: An *Lonicera xylosteum* (Wald-Heckenkirsche), ziemlich selten.

Lotus Hornklee

2 *Contarinia loti*

Cecidomyiidae (Gallmücken)

Beschreibung: Meist mehrere Knospen eines Blütenstandes deutlich angeschwollen und i.d.R. rötlich verfärbt, sich nicht öffnend. Im Innern der Galle gelbe Mückenlarven.
Vorkommen: An *Lotus corniculatus* (Gemeiner Hornklee) und *L. uliginosus* (Sumpf-Hornklee).

1a

1b

2

Malus Apfel

1 *Dysaphis devecta* Apfelfaltenlaus
Aphidina (Blattläuse)

Beschreibung: Blätter bucklig gewölbt und an den Seiten abwärts gebogen, mit ausgedehnten, leuchtend roten Flecken. Auf der Blattunterseite grünlich und dunkelgrau marmorierte Blattläuse; diese hell mit Wachsausscheidungen bepudert. Die Läuse verbleiben auch den Sommer hindurch an den Apfelblättern.
Vorkommen: An *Malus domestica* (Apfelbaum), ziemlich häufig.
Ähnlich: Weitere Blattlausarten an Apfelblättern zeigen im Sommer einen Wirtswechsel zu verschiedenen krautigen Pflanzen.

2 *Eriosoma lanigerum* Apfelblutlaus
Aphidina (Blattläuse)

Beschreibung: Knotige, bis etwa walnussgroße Verdickungen an den Zweigen, die oft zu mehreren miteinander verschmelzen und z. T. umfangreiche Geschwüre bilden. An diesen Verdickungen (solange sie noch frisch sind) rotbraune Blattläuse mit weißen Wachsflocken, aus denen beim Zerdrücken eine blutrote Flüssigkeit austritt. Gallen noch viele Jahre zu erkennen. Die Gallen können auch an den Wurzeln auftreten.
Vorkommen: An *Malus domestica* (Apfelbaum), häufig, wurde vor etwa 200 Jahren aus Nordamerika eingeschleppt.

Malva Malve

3 *Eriophyes gymnoproctus*
Eriophyidae (Gallmilben)

Beschreibung: Blattfläche verkrümmt und gekräuselt, deutlich behaart. Triebe verkürzt und Blätter an den Spitzen meist zu unregelmäßigen Anhäufungen verdichtet.
Vorkommen: An *Malva moschata* (Moschus-Malve), auch an anderen Arten der Gattung.

4 *Aphis umbrella* (= *A. malvae*)
Aphidina (Blattläuse)

Beschreibung: Blattabschnitte nach unten gebogen, z. T. zu schirmartigen Gebilden eingerollt. An der Pflanze grün gefärbte Blattläuse.
Vorkommen: An verschiedenen *Malva*-Arten (Malven) allgemein verbreitet.

1

2

3

4

Medicago Schneckenklee

1 *Contarinia medicaginis*

Cecidomyiidae (Gallmücken)

Beschreibung: Blütenknospen an der Basis kugelig aufgetrieben und sich nicht öffnend, bis 8 mm im Durchmesser. Im Innern jeweils mehrere zunächst weiße, später gelbe Mückenlarven. Meist mehrere Knospen eines Blütenstands vergallt.
Vorkommen: An *Medicago sativa* (Luzerne) und anderen *Medicago*-Arten, ziemlich häufig.

Melilotus Steinklee

2 *Tychius* sp.

Curculionidae (Rüsselkäfer)

Beschreibung: Fiederblättchen nach oben zusammengeklappt, beide Hälften miteinander verwachsen und zu einer kugeligen bis eiförmigen, gelblichen Galle umgebildet. Darin eine gelblich-weiße Käferlarve. Mehrere schwer unterscheidbare Arten der Gattung.
Vorkommen: An verschiedenen *Melilotus*-Arten (Steinklee), gelegentlich auch an Arten der Gattung *Medicago* (Schneckenklee).

Ononis Hauhechel

3 *Aceria ononidis*

Eriophyidae (Gallmilben)

Beschreibung: Zweigspitzen mit einem dichten Schopf verkümmerter, stark behaarter Blätter, auch die Blüten vergrünt und missgebildet.
Vorkommen: An *Ononis spinosa* und *O. repens* (Dornige und Kriechende Hauhechel).

4 *Asphondylia ononidis*

Cecidomyiidae (Gallmücken)

Beschreibung: Eiförmige, fleischige Anschwellung an der Blattbasis, innen mit weißem Pilzgeflecht. In der Galle eine gelbe Mückenlarve. Eine zweite Generation dieser Gallmücke entwickelt sich in aufgeblasenen Früchten der Wirtspflanze.
Vorkommen: An *Ononis repens* und *O. spinosa* (Kriechende und Dornige Hauhechel), ziemlich selten.

1
2
3
4

Origanum Dost

1 *Aceria origani*

Eriophyidae (Gallmilben)

Beschreibung: Sprossspitze mit dichtem, pelzigem Klumpen aus verkümmerten, stark behaarten Blättern und vergrünten, missgebildeten Blüten.
Vorkommen: An *Origanum vulgare* (Dost), nicht selten.

Papaver Mohn

2 *Aylax minor*

Cynipidae (Gallwespen)

Beschreibung: Fruchtkapsel äußerlich kaum verändert, meist etwas dicker als normal oder mit kleinen, buckligen Auftreibungen. Im Innern an den Scheidewänden eiförmige, weißliche Verdickungen, die zu mehreren zusammenfließen können und jeweils eine Kammer mit einer Wespenlarve enthalten. Neben den Gallen auch Samen in der Kapsel.
Vorkommen: An *Papaver rhoeas* (Klatschmohn), *P. dubium* (Sandmohn) und anderen Arten der Gattung, ziemlich häufig.

3 *Aylax papaveris*

Cynipidae (Gallwespen)

Beschreibung: Fruchtkapsel meist deutlich deformiert und angeschwollen, im Innern mehr oder weniger vollständig von einem schwammigen Gewebe ausgefüllt, darin zahlreiche Larvenkammern mit Wespenlarven.
Vorkommen: An *Papaver rhoeas* (Klatschmohn) und anderen Arten der Gattung, nicht häufig.

1

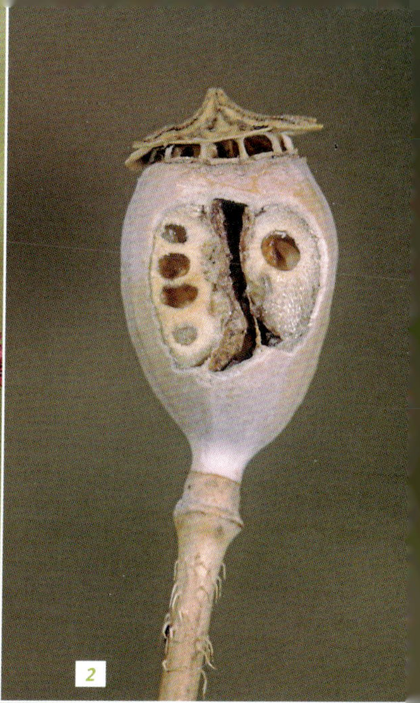

2

3

1 *Steneotarsonemus phragmitidis*

Tarsonemidae (Laufmilben)

Beschreibung: Triebspitze gestaucht, Blätter einander genähert, aufgedunsen und mehr oder weniger verdreht. Oft bogenförmig aus einer Blattscheide herausragend (**1b**). Im Innern keulenförmige, braune Haare, dazwischen normal bewegliche Milben mit vier Beinpaaren (keine Gallmilben!).
Vorkommen: An *Phragmites australis* (Schilf), ziemlich häufig.

2 *Lipara lucens*

Chloropidae (Halmfliegen)

Beschreibung: Sprossspitze gestaucht und zusammen mit den Scheiden der oberen Blätter eine zigarrenförmige, 10–15 cm lange und etwa 15 mm breite Galle bildend, die entsprechenden Blattspreiten mehr oder weniger stark reduziert. Im Innern eine lang gestreckte Kammer, in der eine bis 10 mm lange, gelblichweiß gefärbte Fliegenmade lebt (**2c**). Galle zunächst grün, ab dem Herbst gelbbraun verfärbt und noch jahrelang erkennbar. Die fertige Fliege schlüpft im Frühjahr aus der überwinterten Galle. Färbung beim Weibchen (**2a**) schwarzbraun mit hellbraunen Streifen auf dem Thoraxrücken und roten, grün glänzenden Augen, Männchen ohne diese Streifenzeichnung.
Vorkommen: An *Phragmites australis* (Schilf), fast überall häufig, vor allem an etwas trockeneren Standorten der Pflanze.
Ähnlich: Die ähnliche *Lipara similis* erzeugt an *Phragmites* ähnliche, aber deutlich kleinere und schmälere Gallen mit meist normal entwickelten Blattspreiten.
Anmerkung: Die alten, von den Fliegen verlassenen Gallen dienen vor allem verschiedenen Wildbienen und Wespenarten als Nistplatz. Diese Hautflügler legen im leeren Innenraum ihre Brutzellen an, die sie mit Pollen und Nektar bzw. speziellen Beutetieren als Nahrung für ihre Nachkommen versorgen. Einige von ihnen wurden bisher sogar ausschließlich aus *Lipara*-Gallen gezogen. Man kann die alten Schilfgallen auch dazu verwenden, diese z. T. ziemlich seltenen Arten anzusiedeln.

1a

1b

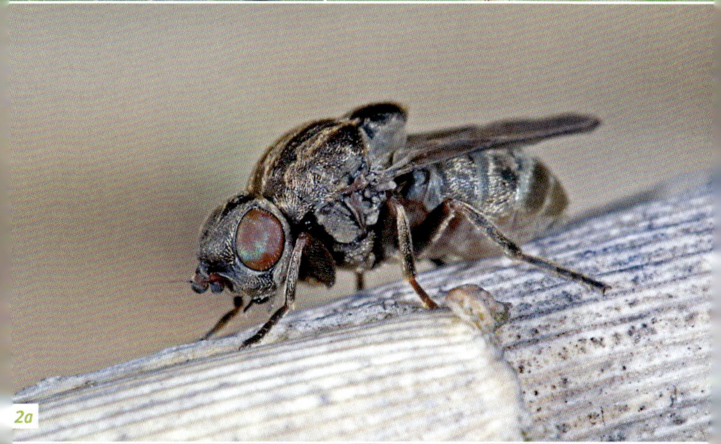
2a

2b

2c

1 *Dasyneura phyteumatis*

Cecidomyiidae (Gallmücken)

Beschreibung: Blütenkrone an der Basis stark angeschwollen und entfärbt, sich nicht öffnend. Innenraum behaart, mit mehreren orangefarbenen Mückenlarven. Innerhalb eines Blütenstandes meist mehrere Blüten betroffen.
Vorkommen: An verschiedenen *Phyteuma*-Arten, abgebildet *Ph. orbiculare* (Kugelige Teufelskralle).

2 *Miarus campanulae*

Curculionidae (Rüsselkäfer)

Beschreibung: Fruchtknoten der Blüte stark angeschwollen, mit geräumigem Hohlraum, in dem sich die Larve oder Puppe (**2b**) eines Rüsselkäfers findet. Meist viele Blüten des Blütenstandes betroffen.
Vorkommen: An verschiedenen *Phyteuma*-Arten, besonders, wie hier abgebildet, an *Ph. spicata* (Ährige Teufelskralle). Regelmäßig auch an *Campanula*-Arten (Glockenblumen, siehe S. 64).

1

2a

2b

1 *Adelges viridis* Grüne Fichtengallenlaus

Aphidina (Blattläuse)

Beschreibung: Ananasartige, aus miteinander verwachsenen, basal stark verdickten Nadeln entstandene, elliptische Galle meist an der Spitze eines Seitentriebes. Bis 30 mm groß, oben oft mit einem Schopf aus längeren Nadeln. Halbkreisförmige Verwachsungsränder zwischen den Basen der ursprünglichen Nadeln oft leuchtend rot gefärbt. In der Galle zahlreiche Kammern mit grün gefärbten Blattläusen, die geflügelte Nachkommen hervorbringen. Im Juni oder Juli öffnet sich die Galle spaltförmig an den Verwachsungsrändern und entlässt die flugfähigen Tiere. Diese wandern zu Lärchen *(Larix decidua)* und erzeugen dort weitere Blattlausgenerationen, schließlich wieder geflügelte Nachkommen, die zu Fichten zurückwandern. Nach mehreren weiteren, nicht gallbildenden Generationen entsteht schließlich durch die Saugtätigkeit der 100–150 Nachkommen einer Stammmutter erneut eine Ananasgalle. Der gesamte Zyklus dauert zwei Jahre.
Vorkommen: An *Picea abies* (Fichte), gelegentlich z. B. in Parks und Gärten an nicht heimischen *Picea*-Arten, ziemlich häufig, aber seltener als *Adelges abietis*.

2 *Adelges tardus* Späte Fichten-Kleingallenlaus

Aphidina (Blattläuse)

Beschreibung: Meist einfarbige, hell gelblich, oft auch etwas rötlich gefärbte, eiförmige bis fast kugelige Ananasgalle. Bis 15 mm groß, am oberen Ende meist ohne Nadelschopf, Verwachsungsränder fast immer in der Grundfärbung der Galle. Oft in größerer Anzahl an benachbarten Zweigspitzen. Die Gallen öffnen sich erst zwischen August und Oktober und bleiben danach noch jahrelang an den Zweigen erkennbar. Aus den geöffneten Gallen kommen Blattlauslarven hervor, die sich über den Wirtsbaum verteilen und dort zu geflügelten Blattläusen heranwachsen. Diese bleiben auf dem Baum oder fliegen zu anderen Wirtsbäumen der gleichen Art, wo ihre Nachkommen im nächsten Jahr wieder Gallen erzeugen. Der gesamte Zyklus dauert nur ein Jahr.
Vorkommen: An *Picea abies* (Fichte), auch an *P. sitchensis* (Sitkafichte) und anderen *Picea*-Arten, überall sehr häufig.
Ähnlich: Die als Blattlaus und als Galle kaum von dieser Art unterscheidbare *A. laricis* besitzt wie *A. viridis* einen zweijährigen Entwicklungszyklus mit Wirtswechsel zur Lärche. Deutlich seltener als *A. tardus*, ihre Gallen nie in größerer Anzahl dicht beieinander. Die Gallen öffnen sich bereits im Juni.

1

2a

2b

1 *Adelges abietis* Gelbe Fichtengallenlaus

Aphidina (Blattläuse)

Beschreibung: Galle sehr ähnlich der von *Adelges viridis*, wie diese oft mit roten Verwachsungsrändern der ursprünglichen Nadelbasen. Im Unterschied zu dieser aber meist an der Basis eines Zweiges; dieser wächst oben aus der Galle heraus, oft mit einer deutlichen Biegung an seinem unteren Ende. Da die Gallen meist in größerer Zahl dicht beieinander auftreten, sind die befallenen Wirtsbäume oft schon aus größerer Entfernung durch die verbogenen Triebspitzen zu erkennen. Die Gallen öffnen sich im August oder September. Alle Generationen der Blattläuse entwickeln sich an der gleichen Wirtsart. Der gesamte Zyklus dauert wie bei *A. tardus* nur ein Jahr.
Vorkommen: An *Picea abies* (Fichte) und *P. sitchensis* (Sitkafichte), selten an anderen Arten der Gattung, überall sehr häufig.
Anmerkung: Vor allem durch diese Art, aber auch durch *Adelges tardus*, kann es zu massiven Verunstaltungen insbesondere bei Jungbäumen wie etwa Christbäumen kommen.

2 *Pineus orientalis* Orientalische Kiefernwolllaus

Aphidina (Blattläuse)

Beschreibung: Triebspitzen mit eiförmigen bis länglichen, bis 5 cm langen, rötlich-violett gefärbten Gallen, die außen mit Nadelresten unterschiedlicher Länge besetzt sind. Die Gallen öffnen sich im Juni oder Juli und entlassen geflügelte Blattläuse, die zur zweiten Wirtsart *Pinus mugo* (Latsche oder Spirke) oder *P. sylvestris* (Waldkiefer) abwandern. Dort erfolgt ohne Gallbildung die erste Überwinterung, im nächsten Jahr die Rückwanderung zur ersten Wirtsart, wo nach einer weiteren Überwinterung der Nachkommen schließlich deren Nachkommen in den erneut sich bildenden Gallen heranwachsen. Der gesamte Zyklus dauert damit zwei Jahre.
Vorkommen: Nur an *Picea orientalis* (Orientalische Fichte), bei uns nur in Parkanlagen (z. B. in Botanischen Gärten), ziemlich selten.

3 *Adelges cooleyi* Sitkafichtengallenlaus

Aphidina (Blattläuse)

Beschreibung: Zweigspitze auf bis zu 7,5 cm Länge walzenförmig verdickt und oft bogig gekrümmt. Grünlich oder rötlich bis violett gefärbt, außen mit nur wenig verkürzten Nadeln besetzt. Die Galle öffnet sich zwischen Juli und September. Die Blattläuse der geflügelten Generation wandern zur zweiten Wirtspflanze *Pseudotsuga menziesii* (Helmlocktanne), wo sie keine Gallen erzeugen; ihre Nachkommen kehren dann wieder zur gallbildenden ersten Wirtspflanze zurück. Auch hier dauert der gesamte Zyklus zwei Jahre.
Vorkommen: Vorwiegend an *Picea sitchensis* (Sitkafichte), seltener an anderen *Picea*-Arten, nicht häufig.

1

2

3

1 *Trisetaceus pini*

Eriophyidae (Gallmilben)

Beschreibung: Jüngere Zweige mit knotigen oder länglichen, bis etwa 20 mm dicken Anschwellungen, die von zahlreichen Kanälen durchzogen sind. Jahrelang ausdauernd, Rinde zunächst glatt, später dann zunehmend runzelig.
Vorkommen: An *Pinus sylvestris* (Waldkiefer) und weiteren *Pinus*-Arten, nicht selten.
Anmerkung: Gelegentlich werden die Bäume durch diese Gallmilbe massiv verunstaltet; die Galle ist auch als „Knotensucht" der Kiefer bekannt.

2 *Retinia resinella* Kiefern-Harzgallenwickler

Tortricidae (Wickler)

Beschreibung: Rinde junger Zweige auf 2–3 cm Länge aufgeschlitzt und beulenförmig erweitert, der Holzkörper gleichzeitig etwas verdickt. In der an dieser Stelle ausgetretenen, zu einer großen Blase erstarrten Harzmenge ein geräumiger Hohlraum, in dem sich eine gelbbraune Schmetterlingsraupe aufhält (**2b**). Die Raupe verpuppt sich nach zweimaliger Überwinterung in dieser Harzgalle. Schließlich schiebt sich die Puppe durch das von innen her noch weiche Harz nach außen und entlässt im April oder Mai den fertigen Falter (**2c**). Dieser besitzt auf den Flügeln eine hellgraue Grundfärbung mit unscharf begrenzten und etwas gewellten, braunen Querbinden.
Vorkommen: An *Pinus sylvestris* (Waldkiefer) und *P. mugo* (Latsche oder Spirke), seltener auch an anderen Arten der Gattung.

1

2a

2b

2c

1 Eriophyes stefanii

Eriophyidae (Gallmilben)

Beschreibung: Ränder der Blattfiedern oder ganze Fiedern eng zusammengerollt, oft die Blattrolle zusätzlich verdreht und verbogen und oft alle Fiedern mehrerer benachbarter Blätter betroffen. Ohne abnorme Behaarung.

Vorkommen: An *Pistacia lentiscus* (Mastixstrauch) und *P. terebinthus* (Terpentin-Pistazie), im Mittelmeergebiet weit verbreitet, in Mitteleuropa fehlend.

2 Aploneura lentisci

Aphidina (Blattläuse)

Beschreibung: Fast die vollständige Hälfte eines Fiederblattes in eine abgeflacht bohnenförmige, meist rot gefärbte Blasengalle umgewandelt. Die Blattläuse wechseln im Spätsommer zu Wurzeln von Gräsern und kehren im folgenden Frühjahr zum Primärwirt zurück, an dem nachfolgende Lausgenerationen aber erst im darauffolgenden Jahr wieder die Gallen hervorrufen.

Vorkommen: An *Pistacia lentiscus* (Mastixstrauch); im Mittelmeergebiet ziemlich häufig, in Mitteleuropa fehlend.

3 Forda semilunaria

Aphidina (Blattläuse)

Beschreibung: Teile eines Fiederblattes zu einer rechtwinklig gegenüber der Blattspreite abgeknickten, flach sichelförmigen, in sich gebogenen Galle umgewandelt, diese meist hell gelblich bis rötlich gefärbt. Die Läuse zeigen einen Wechsel zu verschiedenen Grasarten, den Sekundärwirten.

Vorkommen: An *Pistacia terebinthus* (Terpentin-Pistazie), im Mittelmeergebiet häufig, in Mitteleuropa fehlend.

4 Geoica utricularia

Aphidina (Blattläuse)

Beschreibung: Blätter an der Unterseite der Mittelrippe mit einer haselnuss- bis walnussgroßen blasenförmigen Anschwellung, diese gelblichweiß bis leuchtend rot gefärbt. Die darin lebenden Blattläuse wechseln zu verschiedenen Grasarten.

Vorkommen: An *Pistacia terebinthus* (Terpentin-Pistazie); im Mittelmeergebiet ziemlich häufig, in Mitteleuropa fehlend.

5 Baizongia pistaciae

Aphidina (Blattläuse)

Beschreibung: Triebspitze in eine hornförmige, bis 30 cm lange Galle umgewandelt. Diese zunächst grün, später leuchtend rot gefärbt, im Innern mit hunderten gelben Blattläusen (**5a**). Sie wechseln später zu den Wurzeln verschiedener Gräser. Die sehr auffälligen Gallen sind auch als „Judenschoten“ bekannt.

Vorkommen: An *Pistacia terebinthus* (Terpentin-Pistazie); im Mittelmeergebiet ziemlich häufig, in Mitteleuropa fehlend.

1

2

3

4

5a

5b

Plantago Wegerich

1 *Mecinus pyraster*

Curculionidae (Rüsselkäfer)

Beschreibung: Schaft des Blütenstandes vorzugsweise im oberen Teil auf etwa 10 mm Länge spindelförmig erweitert (**1a** rechts und links, in der Mitte ein normaler Blütenstand); im so entstandenen Hohlraum die Larve oder Puppe eines Rüsselkäfers (**1b**).
Vorkommen: Meist an *Plantago lanceolata* (Spitzwegerich), gelegentlich an *P. media* (Mittlerer Wegerich, wie hier abgebildet), ziemlich selten.
Ähnlich: An anderen *Plantago*-Arten, z. B. an *P. maritima* (Strandwegerich) in sehr ähnlichen Gallen die Larven des nahe verwandten *Mecinus collaris.*

2 *Aceria barroisi*

Eriophyidae (Gallmilben)

Beschreibung: Blütenstand im oberen Abschnitt mit einem knotigen, seidig weiß behaarten Schopf, der den Durchmesser des Blütenstandes deutlich übertrifft und etwas an ein „Sahnehäubchen" erinnert.
Vorkommen: An mediterran verbreiteten *Plantago*-Arten (Wegerich), nur im Mittelmeergebiet; in Deutschland fehlend

Poa Rispengras

3 *Mayetiola poae*

Cecidomyiidae (Gallmücken)

Beschreibung: Halm oberhalb eines Knotens mit einem bis 8 mm großen Büschel sekundär gebildeter Wurzeln, die auf der einen Seite (**3**, linker Halm), durch eine ziemlich gerade Furche regelmäßig „gescheitelt" erscheinen, auf der anderen eine Blattscheide umgreifen. Unter der Blattscheide ein Hohlraum mit einer weißen Mückenlarve. Ab Juni zu finden. Die zunächst weißen Wurzeln werden später braun.
Vorkommen: An *Poa nemoralis* (Hain-Rispengras), sehr selten an anderen Arten der Gattung. Galle ziemlich häufig, aber nicht ganz leicht zu finden.
Ähnlich: Eine sehr ähnliche Galle, jedoch ohne Scheitel im Wurzelbüschel, erzeugt die seltene, nahe verwandte *Mayetiola radicifica*, ebenfalls an *Poa nemoralis.*

1a

1b

2

3

Polygonum Knöterich

1 *Wachtliella persicariae*

Cecidomyiidae (Gallmücken)

Beschreibung: Knorpelig verdickte Rollung des Blattrandes nach unten, oft an beiden Blattseiten und nicht selten an mehreren benachbarten Blättern an der Triebspitze. Diese Rollen ziemlich brüchig und meist gelblich oder rötlich gefärbt; im Innern mit roten Mückenlarven.
Vorkommen: An *Polygonum amphibium* (Wasserknöterich), vor allem an der Landform, nicht selten.

Populus Pappel

2 *Taphrina populina*

Ascomycetes (Schlauchpilze)

Beschreibung: Blattoberseite mit einzelnen gelbgrünen, bis etwa 10 mm großen Aufwölbungen (**2a**). In den entsprechenden Vertiefungen der Unterseite zahlreiche Sporenschläuche mit leuchtend gelben Sporenmassen (**2b**). Seltener in umgekehrter Anordnung.
Vorkommen: An *Populus nigra* (Schwarzpappel), auch an *P. canadensis* (Kanadapappel).

1

2a

2b

1 *Aceria dispar*

Eriophyidae (Gallmilben)

Beschreibung: Ganze Sprossspitze in eine Galle umgewandelt: Zweig verkürzt und leicht behaart, Blätter kleiner als normal, am Rand gekräuselt und etwas verdickt, gelblich bis rötlich verfärbt.
Vorkommen: An *Populus tremula* (Zitterpappel), ziemlich selten.

2 *Aceria populi*

Eriophyidae (Gallmilben)

Beschreibung: An ruhenden Knospen von Stämmen und Stockausschlägen, meist bodennah, blumenkohlartige Wucherungen von bis zu 35 mm Durchmesser. Diese mehr oder weniger stark behaart und grün, gelb oder rötlich gefärbt.
Vorkommen: Vorwiegend an *Populus nigra* (Schwarzpappel), auch an *P. alba* (Silberpappel) und *P. tremula* (Zitterpappel).

1a

1b

2a

2b

1 *Phyllocoptes populi*

Eriophyidae (Gallmilben)

Beschreibung: Weiße, grünliche oder gelbliche Filzrasen in 5–6 mm breiten Gruben an der Ober- oder Unterseite des Blattes, nicht selten auch auf beiden Seiten des gleichen Blattes. Auf der Gegenseite entsprechende, zunächst grün, später meist gelblich oder rötlich gefärbte Emporwölbungen (Abbildung zeigt die Blattoberseite). Haare des Filzrasens mit knopfartigen Spitzen (erst bei starker Vergrößerung erkennbar).
Vorkommen: An *Populus tremula* (Zitterpappel), häufig, viel seltener auch an anderen Arten der Gattung.
Anmerkung: Gelegentlich werden in diesen Filzrasen auch andere Gallmilbenarten angetroffen, die darin aber vermutlich nur als Einmieter (Inquilinen) leben.

2 *Aceria varia*

Eriophyidae (Gallmilben)

Beschreibung: Filzrasen in frischem Zustand leuchtend rot, später bräunlich gefärbt, vorwiegend auf der Blattunterseite. Haare baumartig verzweigt (erst bei starker Vergrößerung erkennbar).
Vorkommen: An *Populus tremula* (Zitterpappel), nicht häufig.

3 *Eriophyes diversipunctatus*

Eriophyidae (Gallmilben)

Beschreibung: Drüsen am Grund der Blattspreite zu einem Paar unregelmäßig rundlicher oder ovaler, bis 4 mm großer Gallen umgewandelt. Diese oberseits des Blattgrundes zu beiden Seiten der Mittelrippe, meist leuchtend rot gefärbt.
Vorkommen: An *Populus tremula* (Zitterpappel), ziemlich selten.

1

2

3

1 *Pemphigus bursarius*

Aphidina (Blattläuse)

Beschreibung: Am Blattstiel eine kugelige oder sackförmige, bis 15 mm große Verdickung, die durch ihre zweiklappige Öffnung oft an einen Vogelkopf erinnert. Entsteht durch die Saugtätigkeit der Stammmutter; ihre in der Galle heranwachsenden Nachkommen verlassen diese als geflügelte Läuse und begeben sich zum Sekundärwirt, bei dem es sich um verschiedene wild wachsende Korbblütler wie *Sonchus* (Gänsedistel) oder *Lapsana* (Hasenkohl) handeln kann, aber auch z. B. um Kulturpflanzen wie Grünen Salat. Hier besaugen sie die Wurzeln und können dadurch erhebliche Schäden anrichten.
Vorkommen: Vorwiegend an *Populus nigra cv italica* (Pyramidenpappel), seltener auch an *P. nigra* (Schwarzpappel), der Stammart dieser Kulturvariante

2 *Pemphigus borealis*

Aphidina (Blattläuse)

Beschreibung: Bis etwa 30 mm große, zunächst beutelförmige (**2b**), später zunehmend kugelige, verholzende Galle an der Basis eines Blattstiels. Öffnung durch ihre wulstig aufgeblähten Ränder an ein Fischmaul erinnernd (**2a**). Sicher mit Wirtswechsel, aber Sekundärwirt bislang unbekannt.
Vorkommen: An *Populus nigra* (Schwarzpappel), vor allem in Südeuropa weit verbreitet (Bilder aus Südfrankreich).

1

2a

2b

1 *Pemphigus spyrothecae*

Aphidina (Blattläuse)

Beschreibung: Blattstiel zwei- bis dreimal zu einer innen hohlen Spirale gedreht (**1a**), darin gelbgrüne Blattläuse mit flockigen, weißen Wachsausscheidungen (**1b**), oft in großer Zahl dicht benachbart (**1c**). Galle meist grün mit weißen Punkten, normalerweise nicht gerötet. Reif ab August, die Galle öffnet sich durch Lockerung der spiraligen Aufrollung. Geflügelte Blattläuse verlassen die Galle und setzen sich an anderer Stelle des Wirtsbaumes fest. Sie gebären ungeflügelte Geschlechtstiere, die nach der Paarung Eier ablegen. Aus diesen schlüpfen nach der Überwinterung wiederum ungeflügelte Stammmütter, die durch ihre Saugtätigkeit erneut die Gallbildung an den Blattstielen bewirken.

Vorkommen: An *Populus nigra cv italica* (Pyramidenpappel), ziemlich häufig.

2 *Pemphigus protospirae*

Aphidina (Blattläuse)

Beschreibung: Blattstiel mehr als dreimal zu einer innen hohlen Spiralgalle aufgedreht, innen mit weiß bepuderten Blattläusen. Grün, gelblich oder mehr oder weniger rot gefärbt. Entsteht wie bei *P. spirothecae* durch die Saugtätigkeit einer ungeflügelten Stammmutter. Reif bereits im Juni; geflügelte Läuse verlassen die Galle durch den sich zwischen den Windungen öffnenden Spalt mit unbekanntem Ziel. Die Art entwickelt sich offensichtlich mit Wirtswechsel, doch ist der Sekundärwirt z.Z. noch unbekannt.

Vorkommen: An *Populus nigra* (Schwarzpappel), seltener an cv *italica* (Pyramidenpappel), viel seltener als *Pemphigus spyrothecae*, in Südeuropa häufiger (Bilder aus Südfrankreich).

1a

1b

1c

2a

2b

1 *Pemphigus* sp.

Aphidina (Blattläuse)

Beschreibung: Blattmittelrippe (**1b**) oder Blattstiel und Blattbasis (**1a**) oberseits zu einer bis 25 mm langen und 8 mm dicken, blasenförmigen Galle angeschwollen, diese meist gelb oder rot gefärbt. Sie entsteht durch das Saugen einer Stammmutter an der Unterseite der Mittelrippe und bleibt dort durch einen schmalen Spalt offen. Zwischen Juni und August wird sie von den dunkelgrünen, geflügelten Nachkommen der Stammmutter verlassen. Diese wandern zu *Gnaphalium*- oder *Filago*-Arten (Ruhrkraut bzw. Filzkraut), wo sie erneut geflügelte Nachkommen hervorbringen, die wieder zum Primärwirt zurückwandern. Drei verschiedene Arten der Gattung *Pemphigus* (*P. populinigrae, P. phenax* und *P. gairi*), deren Gallen nicht unterscheidbar sind.
Vorkommen: An *Populus nigra* (Schwarzpappel), ziemlich häufig.

2 *Pemphiginus populi*

Aphidina (Blattläuse)

Beschreibung: Unregelmäßig beulig-kugelige Galle, die mit ihrer oft zu einem Stiel verlängerten, schmalen Basis blattoberseits auf der Mittelrippe ansetzt. Färbung hell gelblich grün, nicht gerötet. Im Juni oder Juli öffnen sich Spalten, durch die die Galle von geflügelten Blattläusen mit unbekanntem Ziel verlassen wird. Der Sekundärwirt dieser Art ist bislang noch unbekannt.
Vorkommen: An *Populus nigra* (Schwarzpappel) und ihrer Kulturform cv *italica* (Pyramidenpappel), nicht häufig.

1a

1b

2

1 *Thecabius affinis*

Aphidina (Blattläuse)

Beschreibung: Meist beide Hälften der Blattspreite nach unten geklappt und eine taschenartig aufgeblähte Galle mit gelben oder roten Verdickungen bildend (**1a**). Im Innern grünlich gefärbte Blattläuse. Kurz nach dem Blattaustrieb beginnt die aus einem überwinterten Ei geschlüpfte Stammmutter unter dem Rand eines Blattes zu saugen. Dieser rollt sich darauf nach unten und verfärbt sich rot (**1b**). Ihre Larven verlassen diese Blattrandgalle und wandern zur Unterseite der Mittelrippe, wo ihre Saugtätigkeit zur Entstehung der taschenförmigen Blattgalle führt. Bis zum Sommer entwickeln sich darin geflügelte Läuse, die zu *Ranunculus*-Arten (Hahnenfuß) abwandern. Hier entstehen wiederum geflügelte Nachkommen, die im Herbst zum Primärwirt zurückfliegen, um dort eine weitere Generation zu erzeugen, die hier die überwinternden Eier ablegt.
Vorkommen: An *Populus nigra* (Schwarzpappel), seltener an ihrer Zuchtform cv *italica* (Pyramidenpappel), gebietsweise nicht selten.

2 *Pemphiginus vesicarius*

Aphidina (Blattläuse)

Beschreibung: Bis 4 cm große, beutelförmige Galle mit zahlreichen blasigen bis fingerförmigen Fortsätzen an der Basis junger Triebe. Färbung grün oder gelblich, oft mehr oder weniger rot. Im Innern gelbgrüne Blattläuse mit Wachsausscheidungen (**2b**). Bei der Reife im Juni oder Juli öffnen sich alle Gallenfortsätze am Ende trichterförmig, so dass das ganze Gebilde jetzt an eine Art Dudelsack erinnert. Zugleich verliert die Galle schnell ihre Farbe und wird jetzt unscheinbar bräunlich. Die geflügelten Läuse, die die Galle verlassen, fliegen zu einem bislang unbekannten Sekundärwirt.
Vorkommen: An *Populus nigra* (Schwarzpappel) und der in Gärten kultivierten *P. suaveolens;* im Mittelmeergebiet weit verbreitet, nördlich bis Südtirol (Bilder aus dem Etschtal), in Mitteleuropa fehlend.

1a

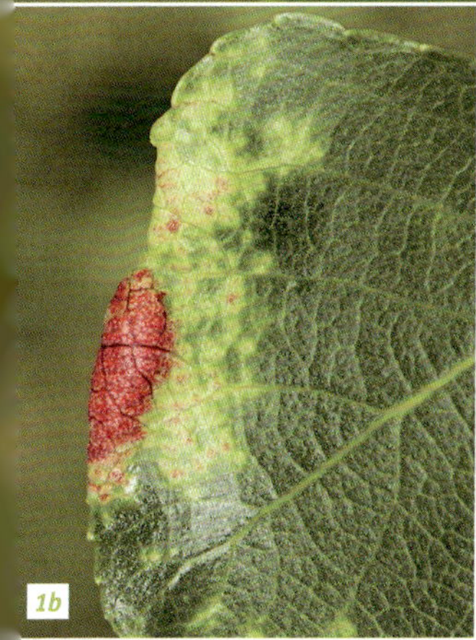

1b

2a

2b

2c

1 *Saperda populnea* Kleiner Pappelbock
Cerambycidae (Bockkäfer)

Beschreibung: Bis 25 mm lange, kugelige bis eiförmige Anschwellung dünnerer (bis etwa fingerdicker) Zweige (**1d**). Außen mit U-förmiger Furche, von der einige Querfurchen eingerahmt werden, innen mit gelblichweißer Käferlarve. Entwicklung in Mitteleuropa zweijährig, im Süden einjährig. Fertiger Käfer im Mai und Juni, Kopf und Halsschild gelb und schwarz längs gestreift, Flügeldecken fein gelb und grau gefleckt, mit jeweils 4 oder 5 regelmäßig angeordneten, gelben Punkten. Das Weibchen frisst vor der Eiablage zunächst eine Hälfte der U-förmigen Furche (**1a**), anschließend die ersten Querfurchen, dann die zweite Hälfte der Nagefigur, um schließlich in der Mitte der beiden Schenkel das Eiloch zu nagen, in das die Eiablage erfolgt (**1b**). In den so entstandenen Furchen (**1c**) bildet sich Wundkallus, der auch zur Gallbildung führt und als erste Larvennahrung dient. Später geht die Larve tiefer ins Zweiginnere.
Vorkommen: Vorwiegend an *Populus tremula* (Zitterpappel), seltener auch an *Salix*-Arten (Weiden), ziemlich häufig.
Anmerkung: Der Käfer wird hier als Beispiel für viele sich in dünnen Zweigen entwickelnde Arten erwähnt; eine ganze Reihe weiterer Vertreter der Cerambycidae (Bockkäfer) und Buprestidae (Prachtkäfer) zeigen eine vergleichbare Entwicklungsweise mit z. T. ähnlichen Zweigverdickungen durch die Fraßtätigkeit ihrer Larven.

2 *Paranthrene tabaniformis* Pappelglasflügler
Sesiidae (Glasflügler)

Beschreibung: Unregelmäßig geformte, oft wulstige Verdickungen finger- bis knapp armdicker Zweige, in denen eine gelblichweiße, schwarzköpfige Raupe lebt. Entwicklung zweijährig; vor dem Schlupf des Falters schiebt sich die Puppe durch ein zuvor von der Raupe genagtes Schlupfloch nach außen und ist später als leere Hülle noch längere Zeit zu erkennen (**2a**). Falter ausgesprochen wespenähnlich (**2b**), mit glasartig durchsichtigen Flügeln, die bläulich schillern und nur dünn schwarzgrau und gelb beschuppt sind, Hinterleib mit schmalen, gelben Binden.
Vorkommen: An *Populus*-Arten (Pappeln), seltener auch an *Salix*-Arten (Weiden).
Anmerkung: Auch die Schmetterlingsfamilie der Glasflügler entwickelt sich mit verschiedenen Arten in den Zweigen von Bäumen und Sträuchern und erzeugt dabei oft gallenartige Verdickungen; auch hier steht diese Art stellvertretend für viele andere.

1a

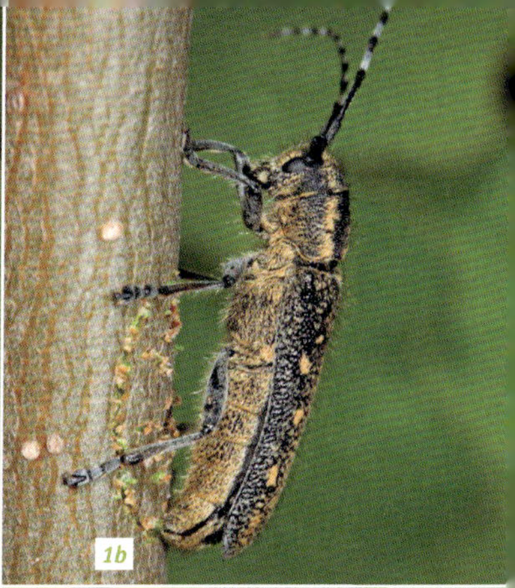
1b

1c

1d

2a

2b

1 *Syndiplosis petioli*

Cecidomyiidae (Gallmücken)

Beschreibung: Annähernd kugelige (am Ende z.T. konisch verschmälerte), dickwandige, bis 8 mm große Anschwellung am Blattstiel, seltener an Jungtrieben oder auf der Blattfläche; oft zu mehreren zusammenfließend. Oft gerötet. Im Innern mit orangefarbener Larve.
Vorkommen: An *Populus tremula* (Zitterpappel), ziemlich häufig, seltener auch an anderen Arten der Gattung.

2 *Harmandiola tremulae (= Harmandia loewi)*

Cecidomyiidae (Gallmücken)

Beschreibung: Dickwandige, kugelige Galle von 3–4 mm Durchmesser auf der Blattoberseite, bei der Reife dunkelrot glänzend. Auf der Blattunterseite eine von einem schwachen Ringwall umgebene Öffnung. Im Innern eine orangerote Larve.
Vorkommen: An *Populus tremula* (Zitterpappel), ziemlich häufig, selten auch an *P. alba* (Silberpappel).

3 *Harmandiola cavernosa*

Cecidomyiidae (Gallmücken)

Beschreibung: Dickwandige, kugelige oder eiförmige, etwa 5 mm große Galle an der Blattunterseite (Abbildung zeigt die Unterseite), oberseits nur etwas über die Blattfläche hinausragend und hier mit einer länglichen, von einem lippenförmigen Wall umgebenen Öffnung. Färbung blassgrün oder gerötet. Im Innern eine orangefarbene bis hellbraune Larve.
Vorkommen: An *Populus tremula* (Zitterpappel), nicht selten; selten an anderen *Populus*-Arten.

1

2

3

1 *Phyllocoptes parvulus*

Eriophyidae (Gallmilben)

Beschreibung: Besonders die Unterseite der Blattfläche, daneben oft aber auch die Blattoberseite (siehe Bild), die Blattstiele, die Stängel oder die Kelchblätter mit einer flächigen, weißfilzigen Behaarung.
Vorkommen: An *Potentilla tabernaemontani* (Frühlings-Fingerkraut), auch an anderen Arten der Gattung, nicht häufig.

2 *Diastrophus mayri*

Cynipidae (Gallwespen)

Beschreibung: Spross vorwiegend im oberen Bereich der Pflanze mit einer spindelförmigen, 10–30 mm langen und bis 15 mm dicken Anschwellung. Diese mit unregelmäßig höckeriger Oberfläche, innen mit zahlreichen Larvenkammern, in denen sich jeweils eine Wespenlarve aufhält.
Vorkommen: An *Potentilla argentea* (Silber-Fingerkraut), ziemlich selten.

3 *Xestophanes potentillae*

Cynipidae (Gallwespen)

Beschreibung: Gallen einzeln, kugelig und mit 2–3 mm im Durchmesser, oft perlschnurartig aneinander gereiht oder zu länglichen, vielkammerigen Komplexen zusammenfließend; an der kriechenden Achse von Ausläufern oder seltener an Blattstielen. Braun oder (an Blattstielen) grün gefärbt, je Gallenkammer mit einer Larve.
Vorkommen: An *Potentilla reptans* (Kriechendes Fingerkraut), ziemlich selten, nur in manchen Jahren häufiger.

1

2

3

1 *Taphrina deformans*

Ascomycetes (Schlauchpilze)

Beschreibung: Blattspreite blasig aufgewölbt und gekräuselt, manchmal auch die Zweige verkürzt, so dass die Blätter an den Zweigspitzen etwas verdichtet sind. Blattauswüchse grün, gelblich oder leuchtend rot gefärbt. Gallgewebe brüchig und deutlich verdickt, später vorwiegend auf der Unterseite, daneben aber auch auf der Oberseite mit weißlichen Sporenschläuchen bedeckt.
Vorkommen: An *Prunus persica* (Pfirsich), häufig, auch an *P. serotina* (Späte Traubenkirsche).

2 *Taphrina pruni*

Ascomycetes (Schlauchpilze)

Beschreibung: Die Frucht entwickelt sich zu einem stark vergrößerten, schlauchförmigen, abgeflachten und innen hohlen Gebilde, das zunächst hellgrün ist und sich später dunkel verfärbt. Auf der Oberfläche schließlich zahlreiche graue Sporenschläuche. Diese Gallbildungen sind auch als „Narrentaschen" bekannt.
Vorkommen: An *Prunus domestica* (Pflaume) und einigen nahe verwandten Arten der Gattung, häufig.

3 *Taphrina padi*

Ascomycetes (Schlauchpilze)

Beschreibung: Früchte zu länglich-schlauchförmigen, am Ende zugespitzten Gallen umgewandelt. Anfangs grünlich, später hell gelbbraun und schließlich fast schwarz gefärbt.
Vorkommen: An *Prunus padus* (Traubenkirsche), häufig.

1

2a

2b

Prunus Pflaume, Pfirsich u. a.

1 *Eriophyes padi*
Eriophyidae (Gallmilben)

Beschreibung: Gallen oft in großer Zahl auf einem Blatt, meist entlang der Blattadern, fast nur auf der Oberseite, horn- oder stiftförmig und bis etwa 4 mm groß. Selten auch auf der Unterseite, am Blattstiel oder an jungen Trieben. Grünlich oder gelblich gefärbt, unterseits mit einer Öffnung.
Vorkommen: An *Prunus padus* (Traubenkirsche), häufig.

2 *Eriophyes prunispinosi*
Eriophyidae (Gallmilben)

Beschreibung: Gallen besonders am Rand der Blätter und hier vor allem auf der Unterseite, beutelförmig oder länglich. Öffnung meist auf der Blattoberseite; Färbung grün oder rot.
Vorkommen: An *Prunus spinosa* (Schlehe), sehr häufig.
Ähnlich: An *Prunus domestica* (Pflaume) die sehr ähnlichen Gallen von *Eriophyes similis*.

3 *Putoniella pruni*
Cecidomyiidae (Gallmücken)

Beschreibung: Mittelrippe oder Seitennerv des Blattes unterseits mit einer schlauchförmigen, bis 4 cm langen Tasche, oberseits mit schmaler Spalte, die sich später öffnet. Galle grün, gelblich oder leuchtend rot gefärbt und ziemlich dickwandig. Innen mit mehreren orangefarbenen bis roten Mückenlarven.
Vorkommen: An *Prunus spinosa* (Schlehe), ziemlich häufig, seltener an anderen Arten der Gattung.

Pyrus Birne

4 *Gymnosporangium sabinae* Birnengitterrost
Uredinales (Rostpilze)

Beschreibung: Auf der Blattoberseite rostrote, bis etwa 10 mm große, rundliche Flecke. Unterseits an den gleichen Stellen halbkugelige, orangefarbene und etwa 5 mm große Anschwellungen, aus denen schließlich pinselförmig aufgefranste, an der Spitze aber wieder zusammen hängende Sporenträger austreten.
Vorkommen: An *Pyrus communis* (Birne), überall häufig.
Anmerkung: Der Pilz verunstaltet vielerorts die Blätter der Birnbäume, richtet aber kaum Schäden an, da er nur die Blätter befällt. Der Rostpilz wechselt als Zweitwirt zu *Juniperus sabina* (Sadebaum) und weiteren in Gärten angepflanzten *Juniperus*-Arten.

1

2

3

4a

4b

1 *Loranthus europaeus* Eichenmistel

Loranthaceae (Mistelgewächse)

Beschreibung: Knotige, bis etwa 15 cm starke Verdickung eines Zweiges, aus der eine strauchige Pflanze mit ledrigen, länglich eiförmigen, sommergrünen Blättern heraus wächst. Blüten unscheinbar grünlich, Früchte gelb gefärbte Beeren.
Vorkommen: Vorwiegend auf *Quercus pubescens* (Flaumeiche) und *Q. cerris* (Zerreiche), seltener auf andren *Quercus*-Arten, bisweilen auch auf *Castanea sativa* (Esskastanie); im Mittelmeergebiet weit verbreitet, nach Norden bis Österreich und ins südliche Ostdeutschland (bei Pirna in Sachsen, dort aber sehr selten).
Anmerkung: Im Unterschied zur wenig wirtsspezifischen, aber nur selten auf Eichen wachsenden Mistel (*Viscum album*) ist die Eichenmistel oder Riemenblume fast nur auf Eichen zu finden und wirft ihre Blätter im Herbst ab.

1 *Eriophyes cerri*

Eriophyidae (Gallmilben)

Beschreibung: Blattfläche unterseits mit zunächst weißen, später braunen, meist 5–10 mm großen Filzrasen, denen auf der Oberseite beulenartige Emporwölbungen entsprechen (Bild von der Blattunterseite). Haare (bei starker Vergrößerung) z. T. länger und gedreht, z. T. kürzer und keulenförmig oder zylindrisch.
Vorkommen: An *Quercus cerris* (Zerreiche), im natürlichen Verbreitungsgebiet der Pflanze (vom östlichen Mittelmeergebiet bis ins östliche Österreich und nach Südtirol) nicht selten, an in Mitteleuropa gepflanzten Bäumen offenbar nur ganz vereinzelt.

2 *Aceria ilicis*

Eriophyidae (Gallmilben)

Beschreibung: Länglich-beulenförmige, 2–5 mm große, filzig hellgrau behaarte Emporwölbungen auf der Blattunterseite, denen oberseits gelblich entfärbte Flecken entsprechen.
Vorkommen: An *Quercus ilex* (Steineiche) und *Q. coccifera* (Kermeseiche), im Mittelmeergebiet häufig, in Mitteleuropa fehlend.

1

2

3

1 *Asterodiaspis sp. (= Asterolecanium* sp.*)*
Coccina (Schildläuse)

Beschreibung: Rinde von jüngeren Zweigen mit flach grubigen, wulstig umrandeten, etwa 2 mm großen Vertiefungen. Darin rotbraun bis graugrün gefärbte Schildläuse, meist in größerer Zahl dicht beieinander. Drei verschiedene, nur schwer unterscheidbare Arten der Gattung.
Vorkommen: Vorwiegend an *Quercus robur* (Stieleiche), häufig, seltener auch an anderen *Quercus*-Arten.

2 *Trioza remota*
Psyllina (Blattflöhe)

Beschreibung: Blätter oberseits mit etwa 1 mm breiten, gelblich aufgehellten, pockenartigen Aufwölbungen (**2a**), denen unterseits Vertiefungen entsprechen. Darin stark abgeflachte, grünlich oder gelblich gefärbte Blattflohlarven mit stabförmigen, weißen Wachsausscheidungen, die rings um den Rand ihres Körpers angeordnet sind (**2b**). Im September oder Oktober häuten diese sich zum gelblich-grün gefärbten, etwa 3 mm großen Blattfloh, der durch seine dachförmig getragenen Flügel und sein Sprungvermögen an eine kleine Zikade erinnert (**2c**).
Vorkommen: Vorwiegend an *Quercus robur* (Stieleiche) und *Q. petraea* (Traubeneiche), ziemlich häufig.

1

2a

2b

2c

1 *Dryomyia circinnans*
Cecidomyiidae (Gallmücken)

Beschreibung: Auf der Blattunterseite dick scheibenförmige, meist rundliche und bis 6 mm breite, gelb oder grau behaarte Gallen, meist in größerer Zahl beieinander. Auf der Oberseite jeweils eine behaarte, von einem Ringwall umgebene Pore. Gelegentlich auch in umgekehrter Anordnung. Im Innern jeweils eine Mückenlarve.
Vorkommen: An *Quercus cerris* (Zerreiche), im südosteuropäischen, bis ins östliche Österreich reichenden natürlichen Verbreitungsgebiet der Wirtspflanze ziemlich häufig, in Mitteleuropa sonst fehlend.

2 *Macrodiplosis dryobia*
Cecidomyiidae (Gallmücken)

Beschreibung: Spitze eines Blattlappens nach unten umgeschlagen, dabei etwas verdickt und oft gelb und grün gefleckt. In dieser etwa 10 mm großen Tasche eine oder mehrere gelblich gefärbte Mückenlarven mit grün durchschimmerndem Darm.
Vorkommen: An verschiedenen sommergrünen *Quercus*-Arten (Eichen), überall häufig.

3 *Macrodiplosis volvens*
Cecidomyiidae (Gallmücken)

Beschreibung: Blattrand vorwiegend in den Winkel zwischen den Seitenlappen schmal röhrenförmig nach oben (selten nach unten) umgerollt. Rolle etwas verdickt und nur wenig entfärbt, innen mit ein bis drei orange gefärbten Mückenlarven.
Vorkommen: An verschiedenen sommergrünen *Quercus*-Arten (Eichen), überall häufig, nicht selten zusammen mit den Gallen von *M. dryobia* auf den gleichen Blättern.

1

2

3

1 *Stenolechia gemmella* Eichentriebmotte

Gelechiidae (Palpenmotten)

Beschreibung: Triebspitzen auf bis zu 6 cm Länge um das 2–3fache verdickt, zum Ende allmählich verschmälert. Blätter in diesem Bereich vorzeitig welkend. Im Mark eine hellgrau gefärbte Raupe mit braunem Kopf. Flügelspannweite des Falters um 10 mm, seine Flügel weiß mit einem unregelmäßigen Muster aus schwarzen Flecken.
Vorkommen: An *Quercus robur* (Stieleiche), *Q. petraea* (Traubeneiche) und *Q. pubescens* (Flaumeiche), nicht häufig.

2 *Andricus paradoxus (= A. albopunctatus)*

Cynipidae (Gallwespen)

Beschreibung: Die bisexuelle Generation entwickelt sich in einer etwa 1,5 mm großen, lang behaarten Kugelgalle an den männlichen Blütenkätzchen (Folliot 1964) (nicht abgebildet). Galle der parthenogenetischen Generation (Bild) länglich eiförmig, bis 8 mm lang, an der Knospe eines vorjährigen Zweiges. Grünlich bis rotbraun mit länglichen, weißen Flecken, am Ende mit einer kleinen, aufgesetzten Spitze. Fällt nach der Reife ab und ergibt die Wespe meist nach eineinhalb bis zwei Jahren, manchmal noch später.
Vorkommen: An *Quercus robur* (Stieleiche), *Q. petraea* (Traubeneiche) und *Q. pubescens* (Flaumeiche), nicht häufig.

3 *Andricus aries*

Cynipidae (Gallwespen)

Beschreibung: Galle der parthenogenetischen Generation an einer Blattknospe, mit einem eiförmigen, bis 6 mm dicken Grundkörper, der eine Larvenkammer enthält, und einem hohlen, seitlich abgeflachten, bis 5 cm langen Fortsatz, der spitz ausläuft und oft in zwei Teile aufgespalten ist.
Vorkommen: An *Quercus robur* (Stieleiche), *Q. petraea* (Traubeneiche) und *Q. pubescens* (Flaumeiche), erst seit etwa 1990 aus Deutschland bekannt, inzwischen aber an vielen Stellen eingebürgert.
Anmerkung: Von der ursprünglich nur aus Südosteuropa bis ins östliche Österreich bekannten Art kennt man bisher nur die Galle der parthenogenetischen Generation. Es kann aber als sicher gelten, dass sie eine an *Quercus cerris* (Zerreiche) gebundene bisexuelle Generation besitzt, da ihre Gallen stets in der Nähe von Zerreichen gefunden werden.

1a

1b

2

3

1 *Andricus callidoma*

Cynipidae (Gallwespen)

Beschreibung: Galle der bisexuellen Generation (**1a**) an männlichen Blütenkätzchen, eiförmig, bis etwa 2 mm lang und mit einem Schopf langer, weißer Haare besetzt. Erscheint im April oder Mai; die Wespe schlüpft bereits im Mai oder Juni. Galle der parthenogenetischen Generation (**1b**) lang gestielt an einer Blattknospe. Gallenkörper spindelförmig mit aufgesetzter, kleiner Spitze, grün oder gelblich, außen mit fünf meist rot gefärbten Längsrippen, je nach Art des Wirtsbaumes mehr oder weniger behaart. Erscheint im Juni oder Juli. Die Wespe dieser Generation schlüpft erst im nächsten oder übernächsten Frühjahr.
Vorkommen: An *Quercus robur* (Stieleiche), *Q. petraea* (Traubeneiche) und *Q. pubescens* (Flaumeiche), ziemlich häufig.

2 *Andricus caputmedusae*

Cynipidae (Gallwespen)

Beschreibung: Galle der parthenogenetischen Generation seitlich am Fruchtbecher der Eichel. Grundkörper dick scheibenförmig, rot gefärbt, in der Mitte mit einer bis 5 mm großen, durch eine Querwand geteilten Larvenkammer (diese aber nur mit einer Larve) sowie mit zahlreichen geschlängelten und baumförmig verzweigten Fortsätzen; diese Fortsätze zunächst grün, später gelblich oder rot und schließlich braun gefärbt.
Vorkommen: An vielen verschiedenen Laub abwerfenden wie immergrünen *Quercus*-Arten; im Mittelmeergebiet ziemlich häufig, vereinzelt auch in Österreich, in Deutschland fehlend.
Anmerkung: Von dieser seit langer Zeit gut bekannten Galle (so wird sie auf einer der ältesten Abbildungen einer Galle bereits im 17. Jahrhundert dargestellt) ist nur die parthenogenetische Generation der Wespe bekannt. Es erscheint daher gut möglich, dass sich diese Gallwespe tatsächlich ausschließlich durch Jungfernzeugung vermehrt.

1a

1b

2

1 *Andricus conificus*

Cynipidae (Gallwespen)

Beschreibung: Galle der parthenogenetischen Generation meist auf einer ruhenden Knospe auf Zweigen oder am Stamm, rundlich kegelförmig, 10–12 mm hoch und an der Basis ebenso breit. Oberfläche In frischem Zustand weißgrau behaart, außerdem mit einer netzförmigen, roten bis dunkel violetten Zeichnung.
Vorkommen: An *Quercus robur* (Stieleiche), *Q. petraea* (Traubeneiche) und *Q. pubescens* (Flaumeiche) und einigen mediterranen *Quercus*-Arten; im Mittelmeergebiet weit verbreitet, vereinzelt bis nach Österreich, in Deutschland fehlend.
Anmerkung: Eine bisexuelle Generation dieser Art ist unbekannt.

2 *Andricus coriarius*

Cynipidae (Gallwespen

Beschreibung: Galle der parthenogenetischen Generation unregelmäßig rundlich oder oval, 10–20 mm groß, oben mit 5–10 mm langen, seitlich abgeflachten und hornförmig gekrümmten, am Ende zugespitzten Fortsätzen. Färbung zunächst grün, später oft mehr oder weniger gerötet, schließlich braun. Innen zahlreiche Larvenkammern mit jeweils einer Wespenlarve.
Vorkommen: An *Quercus robur* (Stieleiche), *Q. petraea* (Traubeneiche) und *Q. pubescens* (Flaumeiche) und einigen mediterranen *Quercus*-Arten; im Mittelmeergebiet weit verbreitet, vereinzelt bis nach Österreich, in Deutschland fehlend.
Anmerkung: Von dieser Gallwespe ist nur die parthenogenetische Generation bekannt.

3 *Andricus coronatus*

Cynipidae (Gallwespen)

Beschreibung: Galle der parthenogenetischen Generation vor allem an Seitenknospen vorjähriger Zweige. Gallenkörper etwas breiter als hoch, mit einer scheiben- oder becherförmigen, bis 15 mm breiten Endplatte; diese seitlich mit meist mehr als fünf 5–8 mm langen, abgeflachten und zugespitzen Fortsätzen, die meist strahlenförmig nach außen gerichtet sind. Färbung zunächst gelb oder rötlich, später braun.
Vorkommen: An *Quercus robur* (Stieleiche), *Q. petraea* (Traubeneiche) und *Q. pubescens* (Flaumeiche) und einigen mediterranen *Quercus*-Arten; im Mittelmeergebiet weit verbreitet, vereinzelt bis nach Österreich, in Deutschland fehlend.
Ähnlich: Die parthenogenetische Galle der ebenfalls mediterran verbreiteten *A. polycerus* ist etwas höher als breit und trägt am Ende nur 3–5 zugespitzte Fortsätze.
Anmerkung: Auch von dieser Gallwespe kennt man bisher nur die parthenogenetische Generation.

1

2

3

1 *Andricus corruptrix*

Cynipidae (Gallwespen

Beschreibung: Galle der bisexuellen Generation (**1a**) meist einzeln an Knospen vorjähriger Zweige, eiförmig und nach oben zugespitzt, etwa 2 mm groß, gelblich bis hellbraun gefärbt. Erscheint im April und Mai. Galle der parthenogenetischen Generation (**1b**) an einer Zweigspitze, oft an Stockausschlägen, nicht aus einer Knospe, sondern aus dem Achsengewebe gebildet. Glänzend braun und holzig, etwa 4 mm im Durchmesser und mit 1–5 buckligen, oben etwas gefurchten Höckern, oben in der Mitte oft mit einer winzigen, zerfransten Rosette. Erscheint im Sommer und entlässt die Wespe im Frühjahr oder Sommer des Folgejahres.
Vorkommen: Bisexuelle Generation an *Quercus cerris* (Zerreiche), parthenogenetische Generation an *Q. robur* (Stieleiche), *Q. petraea* (Traubeneiche) oder *Q. pubescens* (Flaumeiche) sowie an mediterranen Arten der Gattung, anscheinend nicht selten, aber sehr schwer zu finden.

2 *Andricus curvator*

Cynipidae (Gallwespen)

Beschreibung: Galle der bisexuellen Generation an sehr verschiedenen Organen der Wirtspflanze. Meistens an Blättern und hier als knorpelige, harte Anschwellung von der Größe einer Erbse, die auf beiden Blattseiten in gleicher Weise hervortritt. Oft zu mehreren auf einem Blatt und dann nicht selten zu größeren Komplexen zusammenfließend (**2a**). Im Innern ein geräumiger Hohlraum mit einer gelblichweißen, pergamentartigen und etwa 2 mm großen, eiförmigen Innengalle, die an einem dünnen Faden befestigt ist und die Larve umschließt (**2b**). Öfters auch als einseitige Anschwellung junger Zweige, wodurch diese deutlich gekrümmt werden (**2c**). Auch hier mit der typischen, pergamentartigen Innengalle. Zweimal fand ich diese Galle mit der charakteristischen Innengalle auch in einer weiblichen Blüt. Erscheint mit dem Blattaustrieb; die Wespe schlüpft im Mai oder Juni. Galle der parthenogenetischen Generation (**2d**) in der Knospe eines jungen Triebes, zugespitzt eiförmig und 3–4 mm lang, nur mit der Spitze zwischen den Knospenschuppen hervorragend, grünlich oder braun mit ebenso gefärbter Spitze, davor einem weißen Ring. Erscheint im August oder September und fällt im Oktober zu Boden. Die Wespe schlüpft meist erst im übernächsten Jahr.
Vorkommen: An *Quercus robur* (Stieleiche), *Q. petraea* (Traubeneiche) und *Q. pubescens* (Flaumeiche), sehr häufig, aber Galle der parthenogenetischen Generation sehr schwer zu finden.

1a

1b

2a

2b

2c

2d

1 *Andricus dentimitratus*

Cynipidae (Gallwespen)

Beschreibung: Galle der parthenogenetischen Generation bis 25 mm hoch und 20 mm breit, auf dem Fruchtbecher einer Eichel sitzend und diesen mit dem halbkugelig-glockenförmigen unteren Teil, der nach unten in mehrere schmale Zipfel ausläuft, umgreifend. Mittlerer Gallenteil verschmälert und zylindrisch geformt, innen mit einem Hohlraum, in dem sich eine pergamentartige Innengalle mit der Wespenlarve befindet. Oberer Gallenteil scheibenförmig, mit zahlreichen zugespitzten, flach ausgebreiteten Fortsätzen, an ein Zahnrad erinnernd. Die ganze Galle mit klebriger Oberfläche, vor allem der obere Teil, und leuchtend karminrot bis dunkelrot gefärbt. Gallenreife im September; die Wespe schlüpft wenig später oder im nächsten Frühjahr.
Vorkommen: An verschiedenen sommergrünen *Quercus*-Arten (Eichen), daneben auch an immergrünen; im Mittelmeergebiet, vereinzelt bis Österreich, in Deutschland fehlend.
Anmerkung: Eine bisexuelle Generation dieser Art ist nicht bekannt.

2 *Andricus foecundatrix*

Cynipidae (Gallwespen)

Beschreibung: Galle der bisexuellen Generation (**2c**) an männlichen Blütenkätzchen, eiförmig und etwa 2 mm lang, locker behaart. Zuerst grün, später braun gefärbt. Erscheint im Mai, die Wespe schlüpft im Mai oder Juni. Bis zum Schlüpfzeitpunkt bleibt das Kätzchen grün und am Zweig hängen. Galle der parthenogenetischen Generation (**2a**) ähnlich einer Hopfenfrucht, aus der Spitzen- oder Seitenknospe eines Zweiges entstanden. Zahlreiche runde, hellgrün gefärbte und rotbraun gerandete Knospenschuppen umhüllen eine etwa 4 mm lange, harte Innengalle mit der darin befindlichen Wespenlarve. Bei der Reife im September oder Oktober öffnet sich die ganze Galle nach Art einer Rosenblüte (**2b**), und die Innengalle fällt zu Boden. Die Wespe schlüpft im nächsten Frühjahr. Die Galle ist daher auch als „Eichenrosengalle" bekannt.
Vorkommen: An *Quercus robur* (Stieleiche), *Q. petraea* (Traubeneiche) und *Q. pubescens* (Flaumeiche), sehr häufig, aber Galle der bisexuellen Generation sehr schwer zu finden.

1a

1b

2a

2b

2c

1 *Andricus gallaeurnaeformis*

Cynipidae (Gallwespen)

Beschreibung: Galle der bisexuellen Generation (nicht abgebildet) im Innern des Blattgewebes, rundlich, etwa 3 mm im Durchmesser und 1 mm hoch, zunächst grün, später bräunlich. Reife im Frühjahr, Wespe im Juni. Galle der parthenogenetischen Generation meist zu mehreren auf der Unterseite eines nach unten eingekrümmten Blattes. Tonnenförmig, ca. 3 mm hoch, etwa in ein Drittel der Höhe am breitesten, am oberen Ende deutlich vertieft, hier in der Mitte mit einem Höcker und außen mit einem deutlichen, meist rot gefärbten Randwulst. Bei der Reife im Herbst abfallend, Wespe im folgenden Frühjahr.
Vorkommen: Bisexuelle Generation an *Quercus pubescens* (Flaumeiche), *Q. robur* (Stieleiche) oder *Q. frainetto* (Ungarische Eiche), parthenogenetische Generation außerdem auch an *Q. cerris* (Zerreiche); im Mittelmeergebiet ziemlich häufig, nach Norden bis Österreich, in Deutschland fehlend.

2 *Andricus gemmeus*

Cynipidae (Gallwespen)

Beschreibung: Galle der bisexuellen Generation meist in einem stark verkürzten und zwiebelartig verdickten Neutrieb, Blätter dabei teilweise reduziert, teilweise aber auch normal entwickelt (**2a**, linke Bildhälfte). Bis etwa 10 mm lang und 5 mm dick, im Innern eine mit einer braunen Kapsel umgebene Larvenkammer. Diese Galle oft auch in einem männlichen Blütenkätzchen; dieses entweder mit kugelig verdickter Kätzchenspindel oder das Kätzchen ganz zu einer außen mit Staubgefäßen besetzten Kugel reduziert (**2a**, rechte Bildhälfte). Reife im Mai und Juni, Wespe wenig später. Galle der parthenogenetischen Generation (**2b**, **2c**) einzeln oder in Gruppen von bis zu 15 vorwiegend an schlafenden Knospen des Baumstamms oder an Wasserreisern. Etwa 3–4 mm im Durchmesser, mit zahlreichen kegel- bis fingerförmigen, fein behaarten Fortsätzen; zunächst grün, später meist gelblich gefärbt, Fortsätze oft rot. Erscheint meist im August, die Wespe erst im Sommer des Folgejahres.
Vorkommen: Bisexuelle Generation an *Quercus cerris* (Zerreiche), parthenogenetische Generation an *Quercus robur* (Stieleiche), *Q. petraea* (Traubeneiche) und *Q. pubescens* (Flaumeiche), gebietsweise nicht selten, vor allem an Stellen, an denen eine Zerreiche in der Nähe einer der anderen Eichenarten wächst.

1a

1b

2a

2b

2c

1 Andricus giraudianus

Cynipidae (Gallwespen)

Beschreibung: Galle der parthenogenetischen Generation ähnlich der von *A. callidoma,* aber mit deutlich erkennbarer, kegelförmiger Spitze und oft fehlenden Längsleisten, außerdem mit längeren, rückwärts gerichteten Haaren; Färbung zunächst grün, später rot bis braun.
Vorkommen: An *Quercus robur* (Stieleiche), *Q. petraea* (Traubeneiche) und *Q. pubescens* (Flaumeiche), im Mittelmeergebiet verbreitet, nach Norden bis Österreich, in Deutschland fehlend.

2 Andricus glandulae

Cynipidae (Gallwespen)

Beschreibung: Galle der bisexuellen Generation (nicht abgebildet) an männlichen Bütenkätzchen, eiförmig und etwa 1,5 mm groß, zunächst grün, später gelb oder braun. Reife im April, Wespe im Mai oder Juni. Galle der parthenogenetischen Generation an der Knospe eines jungen Zweiges, glocken- oder umgekehrt birnenförmig, 3–6 mm hoch und bis 4 mm breit. Mit kahler, kegelförmiger Spitze, ansonsten mit seidigen, weißen, rückwärts gerichteten Haaren. Färbung zunächst grün oder rot, später braun. Bei der Reife im Herbst abfallend, Wespe im nächsten oder übernächsten Frühjahr.
Vorkommen: Fast nur an *Quercus petraea* (Traubeneiche) und *Q. pubescens* (Flaumeiche), selten auch an *Q. robur* (Stieleiche), überall nur vereinzelt.

3 Andricus grossulariae (= A. mayri)

Cynipidae (Gallwespen)

Beschreibung: Gallen der bisexuellen Generation (**3a**) meist in größerer Zahl an männlichen Blütenkätzchen, rundlich mit kegelförmiger Spitze und 6-8 mm lang. Mit einer Larvenkammer, zunächst glänzend grün, dann leuchtend rot und sehr an Johannisbeeren erinnernd, schließlich braun bis schwarz. Reife im Mai und Juni, Wespe wenig später. Galle der parthenogenetischen Generation (**3b**) vielkammerig, auf dem Fruchtbecher sitzend und dabei oft eine unreife Eichel umschließend, 10–15 mm im Durchmesser. Seitlich und oben mit zahlreichen abgeflachten, etwas klebrigen Fortsätzen. Färbung meist grün, gelegentlich gerötet. Meist hoch im Wirtsbaum, daher am leichtesten im Herbst zu finden, wenn die Galle mit dem verbliebenen Rest der Frucht zu Boden fällt.
Vorkommen: Bisexuelle Generation an *Quercus cerris* (Zerreiche), parthenogenetische Generation an *Quercus robur* (Stieleiche), *Q. petraea* (Traubeneiche) und *Q. pubescens* (Flaumeiche), von Südosteuropa bis Österreich weit verbreitet, seit etwa 1990 auch aus Deutschland nachgewiesen.

1

2

3a

3b

1 *Andricus hystrix*
Cynipidae (Gallwespen)

Beschreibung: Galle der parthenogenetischen Generation meist an einem dünnen Zweig, rundlich und 3–4 mm im Durchmesser. Ringsum igelartig dicht mit zahlreichen zur Spitze verschmälerten, dünnen Fortsätzen von 3–4 mm Länge besetzt. Diese Fortsätze an ihrer Spitze jeweils mit einem Kranz feiner, weißer Haare.
Vorkommen: An *Quercus pubescens* (Flaumeiche), *Q. petraea* (Traubeneiche) und *Q. robur* (Stieleiche); nur in Südeuropa, nördlich bis Ungarn, ziemlich selten, in Deutschland und Österreich fehlend.
Anmerkung: Eine bisexuelle Generation dieser Gallwespe ist unbekannt.

2 *Andricus infectorius*
Cynipidae (Gallwespen)

Beschreibung: Die bisexuelle Generation entwickelt sich offenbar in kleinen, eiförmigen Gallen an männlichen Blütenkätzchen (nicht abgebildet) (Melika et al. 2000). Galle der parthenogenetischen Generation an Seiten- oder Spitzenknospen von Zweigen , kugelig mit 8–15 mm Durchmesser, Oberfläche bei der Reife runzelig. Färbung zunächst grün mit weißen Punkten, später braun. Erscheint im Sommer.
Vorkommen: Vorwiegend an *Quercus pubescens* (Flaumeiche); in Südosteuropa, nördlich bis Südtirol, in Deutschland fehlend.

3 *Andricus inflator*
Cynipidae (Gallwespen)

Beschreibung: Galle der bisexuellen Generation an der Spitze eines Haupt- oder Seitentriebes. Diese stark verkürzt und auf bis zu 20 mm Länge und 10 mm Breite keulenförmig angeschwollen. Zunächst grün mit leuchtend roter Kappe (**3a**), später als verdickte Triebspitze noch jahrelang erkennbar (**3b**). Im Innern eine länglich-schmale Larvenkammer. Gallenreife und Wespe ab Juni. Galle der parthenogenetischen Generation an einer Zweigspitze, unten von den Knospenschuppen eingehüllt, kugelig mit winziger, aufgesetzter Spitze. 3–4 mm im Durchmesser, grün mit hellen Punkten, sehr leicht abfallend. Erscheint ab Ende Juli, Wespe im folgenden Frühjahr, z. T. auch erst ein oder zwei Jahre später.
Vorkommen: An vielen verschiedenen Laub abwerfenden *Quercus*-Arten (Eichen).

1
2
3a
3b
3c

1 *Andricus kollari*

Cynipidae (Gallwespen)

Beschreibung: Gallen der bisexuellen Generation (nicht abgebildet) meist zu mehreren in einer Zweigknospe, eiförmig, 2–3 mm lang und bis 2 mm breit, sehr ähnlich denen von *A. lignicola* (**3a**), aber meist schmäler als diese und auf der Oberfläche fein gekörnelt. Reife bereits im März und April, Wespen ab April. Galle der parthenogenetischen Generation ebenfalls an Zweigknospen, kugelig mit bis 25 mm Durchmesser, schwach gehöckert. Gallengewebe weich und schwammig, Färbung zunächst grün und leicht behaart, später hell- bis rotbraun und glatt (**1**). Reife im August oder September, Wespe ab August oder auch erst im Frühjahr. Gallen noch Jahre später an den Zweigen zu finden.

Vorkommen: Bisexuelle Generation an *Quercus cerris* (Zerreiche), parthenogenetische Generation an verschiedenen anderen Laub abwerfenden *Quercus*-Arten, ziemlich häufig.

Anmerkung: Die auffallenden Kugelgallen dieser Art sind oft weitab der nächsten bekannten Zerreichen-Vorkommen zu finden. Es erscheint daher denkbar, dass sich diese Gallwespe auch jahrelang rein parthenogenetisch vermehren kann.

2 *Andricus legitimus*

Cynipidae (Gallwespen)

Beschreibung: Galle der parthenogenetischen Generation im Innern einer verkümmerten Eichel, die nicht oder nur kaum über den Rand des Bechers hinausragt (**2b**). Einkammerig oder, wenn sekundär von einem Inquilinen (der ebenfalls zu den Gallwespen zählenden Art *Synergus clandestinus*) besiedelt, mehrkammerig (**2a**).

Vorkommen: An *Quercus robur* (Stieleiche), *Q. petraea* (Traubeneiche) und vermutlich weiteren Arten der Gattung; ziemlich selten, aber sicher oft übersehen.

Anmerkung: Eine bisexuelle Generation dieser Art ist unbekannt.

2 *Andricus lignicola*

Cynipidae (Gallwespen)

Beschreibung: Gallen der bisexuellen Generation (**3a**) meist zu mehreren in einer Zweigknospe, etwas an ein Vogelnest mit Eiern erinnernd. Sehr ähnlich denen von *A. kollari*, meist aber etwas kleiner und breiter und mit glatter Oberfläche. Erscheinen im zeitigen Frühjahr; ab April schlüpfen die Wespen. Galle der parthenogenetischen Generation (**3b**) einzeln oder zu mehreren an Zweigknospen, kugelig und 8–10 mm im Durchmesser, holzig fest. Oberfläche netzartig schorfig-rissig, zunächst graugrün, später braun. Reife im Spätherbst, Wespen im folgenden Frühjahr. Die Gallen bleiben jahrelang an den Zweigen.

Vorkommen: Bisexuelle Generation an *Quercus cerris* (Zerreiche), parthenogenetische Generation an verschiedenen anderen Laub abwerfenden *Quercus*-Arten, ziemlich häufig; selten auch an *Q. cerris*.

Anmerkung: Auch die Kugelgallen dieser Gallwespe sind offensichtlich oft weit entfernt von Zerreichen zu finden. Es erscheint daher auch bei dieser Art denkbar, dass sie sich jahrelang rein parthenogenetisch vermehren kann.

1
2a
2b
3a
3b

1 *Andricus lucidus (= A. aestivalis)*

Cynipidae (Gallwespen)

Beschreibung: Gallen der bisexuellen Generation (**1a, links im Bild**) aus einem männlichen Blütenkätzchen entstanden, mehrere zusammen einen kugeligen oder eiförmigen, bis 40 mm großen Komplex bildend. Einzelgalle krugförmig, von unten nach oben verbreitert und dort in einen breitwulstigen Rand auslaufend, bis 10 mm hoch und 6–8 mm breit, im unteren Teil mit mehreren Larvenkammern. Grün gefärbt, manchmal rot. Reif im Mai oder Juni, aber meist noch bis Ende Juli am Baum hängend. Wespe ab Juni. Galle der parthenogenetischen Generation (**1b**) in einer Blattachsel oder selten an einem Fruchtbecher, kugelig oder etwas abgeflacht, 10–15 mm im Durchmesser, ringsum und oben mit zahlreichen stabförmigen, bis 8 mm langen, am Ende keulenförmig verdickten und etwas klebrigen Fortsätzen besetzt. Färbung grün oder seltener rot. Im Innern zahlreiche Kammern mit jeweils einer Wespenlarve. Reif ab September, Wespe im folgenden Frühjahr.
Vorkommen: Bisexuelle Generation an *Quercus cerris* (Zerreiche), parthenogenetische Generation an verschiedenen anderen Laub abwerfenden *Quercus*-Arten. Im Mittelmeergebiet weit verbreitet, seit etwa 1990 auch aus Deutschland nachgewiesen. Hier besonders in Parkanlagen, in denen Zerreichen dicht neben anderen Eichenarten wachsen.

2 *Andricus malpighii (= A. nudus)*

Cynipidae (Gallwespen)

Beschreibung: Galle der bisexuellen Generation (**2a**) an männlichen Blütenkätzchen, eiförmig mit einer winzigen, aufgesetzten Spitze. Mit glatte Oberfläche, etwa 2 mm groß. Reife im Mai, Wespe im Mai oder Juni. Galle der parthenogenetischen Generation (**2b**) ähnlich der von *A. callidoma* aber ungestielt. Färbung meist grün, selten rot (**2c**). Erscheint erst im September und fällt nach der Reife im Oktober zu Boden. Wespe im Frühjah des übernächsten Jahres.
Vorkommen: An *Quercus robur* (Stieleiche), *Q. petraea* (Traubeneiche) un *Q. pubescens* (Flaumeiche), nicht häufig.

1a

1b

2a

2b

2c

1 *Andricus quadrilineatus*

Cynipidae (Gallwespen)

Beschreibung: Galle der bisexuellen Generation (nicht abgebildet) an männlichen Blütenkätzchen, 1,5–2 mm lang und 1 mm breit, eiförmig mit glatter Oberfläche und weißem Haarschopf an der Spitze. Erscheint im Mai, die Wespe daraus im Mai oder Juni. Galle der parthenogenetischen Generation (**1a**) ebenfalls an männlichen Blütenkätzchen, selten auf einem Blatt (**1b**), mit 3–4 mm Länge und 2–3 mm Breite etwas größer, außen mit runzligen Längsfurchen und gelblich grün oder rot gefärbt. Erscheint wie die Galle der anderen Generation im Mai, die Wespe erst im zeitigen Frühjahr des folgenden Jahres.
Vorkommen: An *Quercus petraea* (Traubeneiche) und *Q. robur* (Stieleiche), in Mitteleuropa ziemlich häufig, in Südeuropa dagegen selten und in größeren Gebieten ganz fehlend.

2 *Andricus quercuscalicis Knopperngallwespe*

Cynipidae (Gallwespen)

Beschreibung: Galle der bisexuellen Generation (**2a**) an männlichen Blütenkätzchen, eiförmig und bei 1 mm Breite 1–1,5 mm hoch. Mit sehr dünner, pergamentartiger, unbehaarter Hülle und zunächst grün, später bräunlich gefärbt. Reife im Mai, Wespe noch im gleichen Monat. Galle der parthenogenetischen Generation außen am Fruchtbecher (**2c**), stumpf kegelförmig, 15–20 mm hoch und 18–25 mm breit, außen mit mehreren unregelmäßigen, z. T. flügelförmigen Längsrippen, innen mit einem kegelförmigen, zweikammerigen Hohlraum. In der unteren Kammer eine dünnwandige Innengalle mit der Wespenlarve. Frische Galle grün oder mehr oder weniger rot, mit klebriger Oberfläche, später braun und holzig, nach der Reife (ab Ende August) mit der Frucht abfallend. Die Wespe schlüpft im Februar oder März, oft erst im zweiten oder dritten Jahr nach der Überwinterung. Nicht selten viele Gallen an einem Fruchtbecher, so dass die Eichel selbst nicht mehr sichtbar ist (**2b**).
Vorkommen: Bisexuelle Generation an *Quercus cerris* (Zerreiche), parthenogenetische Generation meist an *Q. robur* (Stieleiche), seltener an *Q. petraea* (Traubeneiche). Heimisch im südosteuropäischen, vom Balkan bis etwa Wien reichenden ursprünglichen Vorkommensgebiet der Zerreiche, inzwischen mit dieser an vielen Stellen in Mitteleuropa angepflanzten Eichenart auch in Deutschland vielerorts eingebürgert.
Anmerkung: Die auch als „Knoppern“ bekannten Gallen der parthenogenetischen Generation enthalten in hoher Konzentration Gerbsäuren. Sie wurden bis zum Ende des 19. Jahrhunderts in großen Mengen vom Balkan nach Deutschland importiert, um Gerbstoffe für die Lederherstellung zu produzieren.

1a
1b
2a
2b
2c

1 *Andricus quercuscorticis*

Cynipidae (Gallwespen)

Beschreibung: Galle der bisexuellen Generation (nicht abgebildet) in einer Blattachsel, eiförmig und etwa 2 mm groß, bei der Reife im Juni braun gefärbt. Wespe im Juli oder August. Gallen der parthenogenetischen Generation meist in größerer Zahl in der Rinde von Stämmen, Ästen oder Wurzeln. Brechen zunächst als kugelige Blasen nach außen (**1b**). Der halbkugelig bis kegelförmig aufragende, zunächst gelbgrün oder rötlich gefärbte Gallendeckel trocknet im Herbst und fällt ab. Der größere Basalteil der Galle bleibt in der Rinde und ist jetzt durch die kreisrunde, weißliche Trennfläche deutlich sichtbar. Rings um diese Fläche erscheinen als eingestochene Punkte die Gefäßbündel, die zuvor den oberen Gallenteil versorgt hatten (**1a**). Die Wespe schlüpft im April des nächsten Jahres und nagt dabei ein Loch in die Mitte der Gallenwand (**1c**).
Vorkommen: An *Quercus robur* (Stieleiche), *Q. petraea* (Traubeneiche) und *Q. pubescens* (Flaumeiche), ziemlich häufig, aber nicht ganz leicht zu finden.

2 *Andricus quercusradicis*

Cynipidae (Gallwespen)

Beschreibung: Galle der bisexuellen Generation (nicht abgebildet) eine etwa 2 mm große Anschwellung eines einjährigen Zweiges. Oft zahlreiche derartige Gallen zu einer massiven Zweiganschwellung verschmolzen. Oft auch als wulstartige Verdickung eines Blattstiels oder einer Blattrippe entwickelt. In beiden Fällen nicht sicher von der bisexuellen Galle von *Andricus testaceipes* (S. 202) zu unterscheiden. Erscheint im Frühjahr oder Sommer, die Wespe im August oder September. Galle der parthenogenetischen Generation bis 80 mm große, kugelige oder eiförmige Anschwellung an einer oberflächennahen, stärkeren Wurzel. Zunächst fleischig und weißlich, rötlich oder bräunlich gefärbt (**2a**), später holzig und dunkelbraun. Im Innern zahlreiche Larvenkammern (**2b**).
Vorkommen: An *Quercus robur* (Stieleiche), *Q. petraea* (Traubeneiche) und *Q. pubescens* (Flaumeiche), häufig, aber sehr schwer zu finden

1a

1b

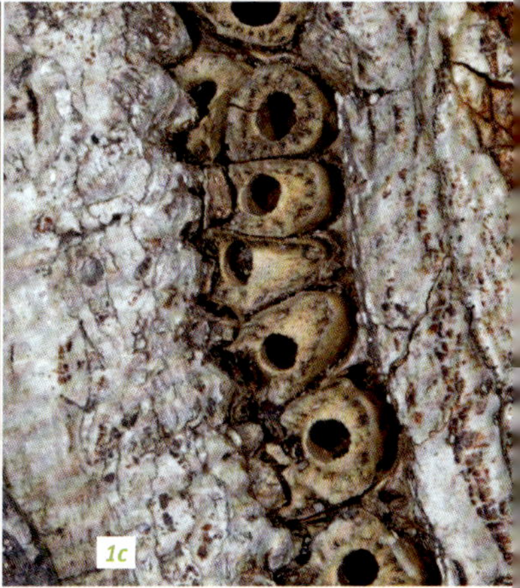
1c

2a

2b

1 *Andricus quercusramuli*

Cynipidae (Gallwespen)

Beschreibung: Gallen der bisexuellen Generation (**1a**) an Knospen männlicher Blütenkätzchen, oft zu 10–20 beieinander. Eigentlicher Gallenkörper eine eiförmige, etwa 2 mm große Kapsel, ringsum dicht mit zahlreichen gedrehten Haaren besetzt, so dass etwa 20 mm große, kugelige Ballen entstehen, die meist von benachbarten, normal entwickelten Blütenkätzchen überragt werden. Haare zunächst schneeweiß, später zunehmend gebräunt. Auch als „Baumwollgalle" bekannt. Reif im Mai, Wespe wenig später. Galle der parthenogenetischen Generation (**1b**) in einer Blattknospe, zylindrisch mit abgerundeter Spitze, oft gebogen und am Ende mit einer kleinen Warze. Färbung unten weiß, im Spitzenteil anfangs grün, später rotbraun. Erscheint im September, zunächst etwa zur Hälfte zwischen den Knospenschuppen verborgen; schiebt sich bei der Reife im Oktober oder November immer weiter aus der Knospe hervor, um schließlich zu Boden zu fallen. Wespe im nächsten Frühjahr, oft aber auch erst 1–2 Jahre später.
Vorkommen: Vorwiegend an *Quercus petraea* (Traubeneiche) oder *Q. pubescens* (Flaumeiche), seltener an *Q. robur* (Stieleiche), meist im Kronenbereich alter Bäume und daher nicht leicht zu finden.

2 *Andricus quercustozae*

Cynipidae (Gallwespen)

Beschreibung: Galle der parthenogenetischen Generation an jungen Zweigen, rundlich und etwa 2–4 cm im Durchmesser. Oberhalb der Mitte mit einem Kranz aus meist dreieckigen, abgeflachten Höckern, am oberen Pol meist mit einem weiteren Höcker. Zunächst grün oder rot (**2a**), später holzig und braun (**2b**). Im Innern eine längliche Innengalle mit der Wespenlarve. Die Wespe erscheint im zeitigen Frühjahr.
Vorkommen: An *Quercus petraea* (Traubeneiche), *Q. pubescens* (Flaumeiche) oder *Q. robur* (Stieleiche), auch an anderen südeuropäischen Laub abwerfenden *Quercus*-Arten. In Südeuropa häufig, nach Norden bis Südtirol, in Deutschland fehlend.
Anmerkung: Eine bisexuelle Generation dieser Wespe ist bisher nicht bekannt, erscheint aber durchaus wahrscheinlich, da die Galle besonders häufig in der Nähe von *Quercus cerris* (Zerreiche) gefunden wird, dem möglichen Wirtsbaum dieser Wespengeneration. Die alten Gallen bleiben noch viele Jahre am Baum. Sie dienen mit ihrem zentralen Hohlraum und dem Gang, durch den sie von der ursprünglichen Bewohnerin verlassen wurden, vielen verschiedenen Wespen- Bienen- und Ameisenarten als willkommener Ort zur Nestgründung.

1a

1b

2a

2b

1 *Andricus seminationis*

Cynipidae (Gallwespen)

Beschreibung: Galle der parthenogenetischen Generation ähnlich denen von *Andricus callidoma* und *A. malpighii,* aber etwas kleiner und meist weniger deutlich gerippt als diese. An der Spitze mit einer kegelförmigen, von Borsten umringten Warze. Meist und oft zu mehreren an männlichen Blütenkätzchen, deren Spindeln sich schon vor Erscheinen der Gallen verdicken, oft verkrümmen und lange Zeit grün bleiben, seltener auch an Blättern der Wirtspflanze. Reif im Juni, fallen dann ab, während die Spindeln noch eine Zeitlang hängen bleiben.
Vorkommen: An *Quercus petraea* (Traubeneiche) und *Q. robur* (Stieleiche); gebietsweise nicht selten, vor allem im südlichen Mitteleuropa.
Anmerkung: Eine bisexuelle Generation dieser Gallwespe ist bislang unbekannt.

2 *Andricus solitarius*

Cynipidae (Gallwespen)

Beschreibung: Galle der bisexuellen Generation (nicht abgebildet) an sich eben entfaltenden männlichen Blütenknospen, eiförmig, um 2 mm groß und rotbraun oder gelblich behaart. Die Wespen sind bereits geschlüpft, wenn die Kätzchen voll entwickelt sind. Gallen der parthenogenetischen Generation (**2**) an Blattknospen, kugelig mit annähernd zylindrischem Stiel zwischen den Knospenschuppen sitzend und am Ende in einen meist deutlich gebogenen Schnabel auslaufend. Zunächst grün, dann filzig rostbraun behaart, später glatt und braun gefärbt. Reif im August und September; die Wespe schlüpft wenig später.
Vorkommen: An verschiedenen Laub abwerfenden *Quercus*-Arten (Eichen), überall ziemlich häufig.

1a

1b

2

1 *Andricus testaceipes*

Cynipidae (Gallwespen)

Beschreibung: Galle der bisexuellen Generation (**1a**) meist als blattunterseitige ein- oder mehrkammerige Verdickung am Blattstiel oder an der Mittelrippe. Nicht mit Sicherheit von der entsprechenden Galle von *Andricus quercusradicis* (S. 196) zu unterscheiden, doch im Gegensatz zu dieser nur ausnahmsweise auch als Verdickung eines Zweiges entwickelt. Gallenreife im August, die Wespe schlüpft im August oder September. Galle der parthenogenetischen Generation dicht über dem Erdboden an dünnen Stämmchen junger Eichen oder an Stockausschlägen, oft in großer Zahl dicht beieinander; kegelförmig, zunächst fleischig und weich, weißlich bis rot gefärbt (**1b**). Nach der Reife im Herbst des zweiten Jahres trocknet die Außenhülle, wird braun und blättert nach und nach ab, so dass die holzige, tief längs gefurchte Innengalle sichtbar wird. Bis zuletzt bleibt von der Außenhülle meist eine Art „Zipfelmütze“ zurück (**1c**). Die Wespe schlüpft im zeitigen Frühjahr durch ein Loch an der Seite der Galle.
Vorkommen: An vielen verschiedenen *Quercus*-Arten (Eichen), außer an Laub abwerfenden auch an immergrünen Arten.
Ähnlich: Die Gallen der parthenogenetischen Generation ähneln denen der meist deutlich selteneren Gallwespe *Andricus rhyzomae*. Ihre Gallen sind aber mehr halbkugelig, und die Wespen schlüpfen durch ein Loch am oberen Ende der Galle.

2 *Aphelonyx cerricola*

Cynipidae (Gallwespen)

Beschreibung: Galle der parthenogenetischen Generation einen dünnen Zweig umfassend, rundlich und 10–30 mm groß, anfangs hellgrün mit kurzer, filziger Behaarung, später hellbraun. Im Innern eine oder seltener zwei eiförmige Innengallen. Oft zu mehreren dicht beieinander und sich gegenseitig abplattend und dann bis 7 cm große Komplexe bildend. Reife und Schlupf der Wespe im Herbst.
Vorkommen: An *Quercus cerris* (Zerreiche), von Österreich bis Südosteuropa verbreitet, fehlt im westlichen Südeuropa und in Deutschland, wurde aber auch schon in England gefunden.
Anmerkung: Eine bisexuelle Generation dieser Art ist bisher nicht bekannt.

1a

1b

1c

2

1 *Biorhiza pallida* Eichen-Schwammgallwespe

Cynipidae (Gallwespen)

Beschreibung: Galle der bisexuellen Generation (**1e**) aus einer Knospe an einem jungen Zweig entstanden, meist rundlich oder knollenförmig und oft an eine Kartoffel erinnernd, 2–4 cm groß. Zunächst schwammig und ziemlich weich, weißlich oder gelblich bis rötlich gefärbt, später heller oder dunkler braun. Im Innern zahlreiche Larvenkammern (**1c**). Erscheint im Mai und Juni, die Wespen im Juni bis Juli. Meist beide Geschlechter dieser Generation voll geflügelt (siehe S. 25), gebietsweise aber auch Weibchen mit etwas reduzierten oder verkrüppelten Flügeln. Gallen der parthenogenetischen Generation (**1d**) an einer (meist dünnen) Wurzel bis etwa 50 cm tief im Erdboden, gelegentlich auch tiefer. Rundlich, etwa 5–10 mm groß, meist in bis zu walnussgroßen Gruppen und sich dann gegenseitig abplattend, einkammerig. Zunächst weich und fleischig, später zunehmend holzig und braun mit rissig gefelderter Oberfläche. Gallenreife im Spätherbst des zweiten Jahres. Die flügellosen Wespen dieser Generation schlüpfen vorzugsweise im Dezember oder Januar aus dem Erdboden und wandern dann oft über Schnee hinweg bis an die Spitzen von Eichenzweigen, wo sie ihre Eier in die ruhenden Knospen ablegen (**1a**). Da die Ablage der zahlreichen Eier mehrere Stunden in Anspruch nimmt (jedes Weibchen legt offenbar seinen gesamten Eivorrat in einer einzigen Knospe ab, **1b**) und während dieser Zeit die Temperaturen oft bis in kritische Bereiche absinken, sterben die Tiere nicht selten noch während der Eiablage (**1a**, linkes Tier). Andere Individuen werden auch nach deutlichen Minusgraden wieder mobil, wenn sie in positive Temperaturbereiche kommen, und setzen ihre Eiablage fort (**1a,** rechtes Tier). Weitere Angaben zur Entwicklung dieser Art siehe S. 25).

Vorkommen: An verschiedenen Laub abwerfenden *Quercus*-Arten (Eichen), doch nicht an *Q. cerris* (Zerreiche); überall häufig, aber mit von Jahr zu Jahr stark schwankender Individuenzahl.

Anmerkung: Durch die winteraktiven, oft auf Schnee umherlaufenden Weibchen die am leichtesten auch als Imago zu beobachtende Gallwespe.

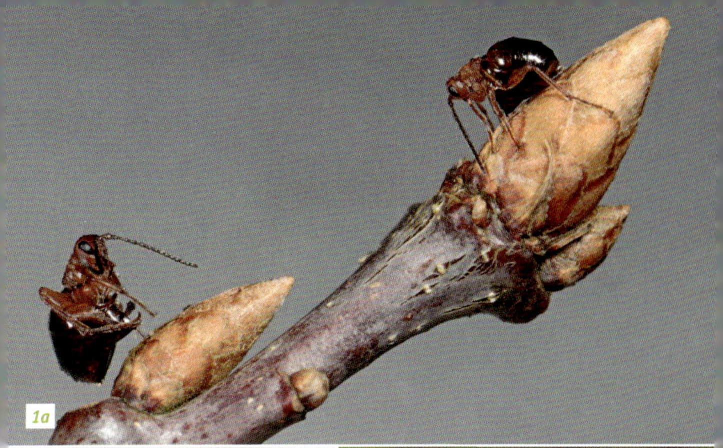
1a

1c

1b

1d

1e

1 *Callirhytis erythrocephala*

Cynipidae (Gallwespen)

Beschreibung: Gallen der parthenogenetischen Generation meist zu mehreren im Innern einer Eichel. Diese äußerlich nur wenig oder gar nicht verändert, oft aber im vergallten Bereich etwas verdickt oder mit buckligen Vorwölbungen. Eicheln härter als normal, Larvenkammern eiförmig, 2–3 mm groß. Gallenreife im Herbst.
Vorkommen: An *Quercus cerris* (Zerreiche), nicht häufig, aber vermutlich öfters übersehen.
Anmerkung: Eine bisexuelle Generation dieser Gallwespe ist nicht sicher bekannt. Es gibt aber Vermutungen, dass sie Zweigverdickungen an *Q. cerris* oder *Q. robur* (Stieleiche) hervorruft. Die Identität von *C. erythrocephala* ist derzeit noch nicht endgültig geklärt; offenbar gibt es mehrere verschiedene Arten, die sich in Eicheln der Zerreiche entwickeln.

2 *Cynips agama*

Cynipidae (Gallwespen)

Beschreibung: Galle der bisexuellen Generation (nicht abgebildet) an einer Knospe, eiförmig und 2–4 mm groß. Oberfläche mit durchscheinenden Bläschen (Folliot 1964). Galle der parthenogenetischen Generation meist auf der Blattunterseite, eiförmig und 3–4 mm groß, mit der Längsachse quer auf einer Blattader sitzend. Oberfläche etwas höckerig, Färbung gelblichweiß bis hell bräunlich. Wand sehr dünn und fest, etwas brüchig, innen mit einer Larvenkammer. Reife im Herbst, Wespe im Oktober oder November.
Vorkommen: Vorwiegend an *Quercus petraea* (Traubeneiche), seltener an *Q. robur* (Stieleiche) oder *Q. pubescens* (Flaumeiche), ziemlich selten.

3 *Cynips cornifex*

Cynipidae (Gallwespen)

Beschreibung: Galle der parthenogenetischen Generation an der Blattunterseite, hornförmig und bis 10 mm hoch. Am unteren Ende scheibenartig verbreitert und mit einem kaum sichtbaren, kurzen Stiel am Blatt befestigt. Färbung zunächst grün, später oft mehr oder weniger gerötet und heller gefleckt. Innen mit einer Larvenkammer. Reife im Oktober, Wespe im November oder Dezember.
Vorkommen: An *Quercus petraea* (Traubeneiche) und *Q. pubescens* (Flaumeiche); im Mittelmeergebiet weit verbreitet, nördlich bis Österreich, in Deutschland fehlend.
Anmerkung: Eine bisexuelle Generation dieser Art ist unbekannt.

1

2

3

1 *Cynips disticha*
Cynipidae (Gallwespen)

Beschreibung: Galle der bisexuellen Generation (nicht abgebildet) schmal eiförmig bis walzenförmig, um 5 mm lang und 2,5 mm breit, mit einem Ende am Blattrand und hier meist am Ende eines Blattnerven befestigt. Färbung graugrün, Oberfläche mit feinen, durchscheinenden Höckern. Gallenreife im Mai. Galle der parthenogenetischen Generation an der Blattunterseite meist zu mehreren auf den Blattnerven sitzend, 4–6 mm groß, rundlich und etwas flachgedrückt, oben leicht eingetieft und in der Mitte mit einem kleinen Nabel. Färbung gelblich bis hell bräunlich, innen außer der Larvenkammer eine weitere, leere Kammer (**1c**). Erscheint ab Juli und reift im September oder Oktober; die Wespe schlüpft im Spätherbst oder Frühjahr.
Vorkommen: Meist an *Quercus petraea* (Traubeneiche), nur selten an anderen *Quercus*-Arten, nicht häufig.

2 *Cynips divisa*
Cynipidae (Gallwespen)

Beschreibung: Galle der bisexuellen Generation (nicht abgebildet) sehr ähnlich der von *Cynips disticha* und von dieser nicht sicher zu unterscheiden. Galle der parthenogenetischen Generation meist an der Blattunterseite zu mehreren an den Blattnerven, rundlich und etwas flachgedrückt, bis 6 mm hoch und 8 mm breit. Färbung zunächst hellgrün, später rötlich und schließlich braun. Relativ dünnwandig, innen nur mit einem Hohlraum. Erscheint ab Juni, Reife im Herbst und dann mit dem Blatt abfallend. Die Wespe schlüpft noch im Herbst oder im zeitigen Frühjahr.
Vorkommen: An *Quercus petraea* (Traubeneiche), *Q. pubescens* (Flaumeiche), *Q. robur* (Stieleiche) und anderen Laub abwerfenden *Quercus*-Arten; ziemlich häufig, deutlich häufiger als *Cynips disticha*.

1a

1b

1c

2

1 *Cynips longiventris*
Cynipidae (Gallwespen)

Beschreibung: Galle der bisexuellen Generation (**1a**) an einer ruhenden Knospe am Stamm eines älteren Baumes oder an einem Stockausschlag, eiförmig und etwa 2 mm groß. Färbung graugrün oder graubraun, mit längerer, weißlicher Behaarung, innen mit einer Larvenkammer. Gallenreife im Mai oder Juni; die Wespe erscheint ebenfalls in dieser Zeit. Galle der parthenogenetischen Generation (**1b**, **1c**) an der Blattunterseite, rundlich oder etwas flachgedrückt mit 8–10 mm Durchmesser. Färbung rötlich mit weißen oder gelblichen, meist wulstig vorstehenden Binden und ebenso gefärbten Höckern. Im Innern eine Larvenkammer. Erscheint ab Juni, ist ab August reif und fällt im Herbst mit dem Blatt zu Boden; die Wespe schlüpft im November oder Dezember.
Vorkommen: An verschiedenen Laub abwerfenden *Quercus*-Arten (Eichen), aber nicht an *Q. cerris* (Zerreiche), häufig.

2 *Cynips quercus*
Cynipidae (Gallwespen)

Beschreibung: Galle der bisexuellen Generation (nicht abgebildet) an einer ruhenden Knospe, eiförmig und 3–5 mm lang. Grünlich oder rötlich gefärbt, mit dichter, roter Behaarung. Reife im April oder Mai; die Wespe schlüpft im Mai. Galle der parthenogenetischen Generation an der Blattunterseite, kugelig und etwa 10 mm im Durchmesser. Wand sehr fest und mit kleinen, flachen Warzen besetzt, glanzlos hell bräunlich gefärbt, oft mit leicht violetter Tönung oder einer weißlichen Bereifung. Im Innern eine etwa 4 mm große Larvenkammer. Reife im Spätherbst; die Wespe schlüpft im November oder Dezember.
Vorkommen: Fast nur an *Quercus pubescens* (Flaumeiche), ganz selten auch an anderen *Quercus*-Arten; von Südeuropa bis Österreich verbreitet, aber nicht häufig; in Deutschland fehlend.

1a
1b
1c

2

1 *Cynips quercusfolii* Gemeine Eichengallwespe

Cynipidae (Gallwespen)

Beschreibung: Galle der bisexuellen Generation (**1a**) meist an einer ruhenden Knospe am Baumstamm, seltener an einem Stockausschlag oder an einem älteren Zweig, eiförmig und 2–3 mm groß. Färbung zunächst rot, später dunkelviolett mit einer sehr dichten, samtartigen Behaarung. Im Innern eine Larvenkammer. Gallenreife im Mai. Die Wespe (**1b**) schlüpft im Mai oder Juni. Verglichen mit der anderen Generation sind diese Tiere deutlich kleiner (2–3 mm) und untersetzter; ihre Beine sind hellbraun gefärbt. Galle der parthenogenetischen Generation an der Blattunterseite, kugelig und 15–20, manchmal 25 mm im Durchmesser. Gallenwand sehr dick, aber schwammig weich, Oberfläche glatt oder mehr oder weniger warzig. Färbung zunächst grün (**1c**), später gelblich und an der Sonnenseite meist gerötet (**1f**). Im Innern eine ziemlich kleine Kammer mit der Larve oder Puppe (**1d**). Die Galle erscheint im Juli, ist im September reif und fällt beim herbstlichen Laubfall mit dem Blatt zu Boden. Die Wespe (**1e**) schlüpft oft bereits im Oktober aus der Puppe und nagt zunächst einen Schlüpfgang bis dicht unter die Gallenoberfläche. Zwischen November und März verlässt sie dann bei günstiger Witterung ihr Quartier, um ihre Eier in Knospen abzulegen. Die ausschließlich weiblichen Wespen dieser Generation sind deutlich größer als die Frühjahrstiere (um 4 mm) und besitzen Beine in der schwarzbraunen Grundfärbung ihres Körpers.
Vorkommen: An verschiedenen Laub abwerfenden *Quercus*-Arten, darunter gelegentlich auch an *Quercus cerris* (Zerreiche); überall ziemlich häufig.
Anmerkung: In manchen Jahren neigt diese durch ihre auffälligen „Galläpfel“ wohl bekannteste Gallwespe zur ausgesprochenen Massenvermehrung. Dann können manchmal mehr als 10 Gallen an jedem einzelnen Eichenblatt die Zweige durch ihr Gewicht stark nach unten ziehen. Ein solches Massenauftreten wird aber fast immer schon bis zum nächsten Jahr durch Parasiten wieder auf das normale Maß zurückgedrängt. Von Parasiten oder Inquilinen besetzte Gallen sind oft an ihrer stark höckerigen Oberfläche zu erkennen.

1a

1b

1c

1d

1e

1f

1 *Neuroterus albipes*

Cynipidae (Gallwespen)

Beschreibung: Galle der bisexuellen Generation (**1a**) am Rand eines sich eben entfaltenden Blattes, meist in einer Ausbuchtung des an dieser Stelle etwas zusammengezogenen Blattrandes. Eiförmig und etwa 2 mm lang, mit der Längsseite am Blatt befestigt. Färbung hellgrün bis gelblich, zunächst leicht behaart, später kahl, an der Außenseite mit einer kleinen Warze. Kann auch am Blattstiel oder (selten) an männlichen Blütenkätzchen auftreten. Gallenreife im Mai, danach nicht abfallend; Wespe schlüpft im Mai oder Juni. Galle der parthenogenetischen Generation (**1b–h**) meist an der Blattunterseite, seltener auf der Oberseite, sehr vielgestaltig. In der normalen Form flach scheibenförmig bis schüsselförmig, 3–5 mm groß, in der Mitte leicht nabelartig erhöht und mehr oder weniger deutlich radial gestreift. Außenrand oft wulstig aufgebogen. Meist kahl oder nur schwach mit Sternhaaren besetzt, oft in der Jugend mit etwas stärkerer Behaarung, die dann aber nach und nach abfällt. Färbung gelblich, weißlich oder rötlich bis intensiv dunkelrot; nicht selten mehrfarbig und dann meist mit roter Mitte. Bei der häufig auftretenden Form *reflexus* (**1c**, **1e**, **1g**, **1h**) ist der Seitenrand an 2–4 Stellen lappenförmig nach innen gebogen, so dass meist nur noch die Mitte der Gallenoberseite sichtbar bleibt. An den einzelnen Fundorten oft beide Formen nebeneinander; nicht selten findet man auch Übergangsformen zwischen beiden (**1d**). Gallenreife im September oder Oktober; die Galle fällt danach vom Blatt ab. Sie überwintert am Boden und nimmt durch die dort herrschende Feuchtigkeit deutlich im Volumen zu. Die Wespe schlüpft im Februar oder März.
Vorkommen: An vielen verschiedenen Laub abwerfenden *Quercus*-Arten (Eichen), auch an *Quercus cerris* (Zerreiche), überall häufig.

1a
1b
1c
1d
1e
1f
1g
1h

1 *Neuroterus anthracinus (= Andricus ostreus)*

Cynipidae (Gallwespen)

Beschreibung: Galle der bisexuellen Generation (nicht abgebildet) an den Narben der abgefallenen Knospenschuppen, eiförmig, 2–3 mm lang und hell gelblich bis hellbraun gefärbt. Erscheint mit dem Laubaustrieb im April oder Mai; die Wespe schlüpft im Mai. Galle der parthenogenetischen Generation an der Blattmittelrippe oder einer stärkeren Seitenrippe auf der Blattunterseite, selten auf der Oberseite. Eiförmig und seitlich etwas abgeflacht, 3–4 mm groß, parallel zur Blattrippe in einer zweiklappigen, braunen Hülle sitzend, die aus der frühzeitig eintrocknenden Außengalle hervorgegangen ist. Oberfläche glatt und glänzend, zunächst einfarbig hellgrün oder gelb, später meist mit zahlreichen roten oder violetten Punkten gezeichnet (**1a**, **1b**). Reife im September oder Oktober, fällt danach zu Boden, wobei die zweiklappige Hülle am Blatt verbleibt. Die Wespe schlüpft im Oktober.
Vorkommen: An vielen verschiedenen Laub abwerfenden *Quercus*-Arten (Eichen), auch an *Q. cerris* (Zerreiche), ziemlich häufig.
Anmerkung: Die Galle der parthenogenetischen Generation ist auch als „Austerngalle" bekannt.

2 *Neuroterus aprilinus*

Cynipidae (Gallwespen)

Beschreibung: Die Galle der bisexuellen Generation (**2a**) entwickelt sich innerhalb weniger Tage an einer Knospe. Bei dieser bleiben die unteren Knospenschuppen unverändert, während die oberen sich an ihrer Basis fleischig verdicken und miteinander zu einer länglich-runden, bis 1 cm hohen Galle verwachsen. Im Innern meist 1–3, gelegentlich bis 5 Larvenkammern (**2b**). Erscheint als erste heimische Gallwespengalle im Jahreszyklus bereits vor dem Laubaustrieb im April; die Wespe schlüpft im April oder Mai. Gallen der parthenogenetischen Generation (**2c**) an männlichen Blütenkätzchen, nur 1–1,5 mm groß und jeweils aus einem Staubblatt hervorgegangen. Reste der Staubbeutel an den Gallen noch deutlich als flache Wülste zu erkennen. Färbung hellgrün oder gelblich, oft rot getönt. Gallenreife im Mai; Wespen im Juli oder August des gleichen oder des folgenden Jahres.
Vorkommen: An verschiedenen Laub abwerfende *Quercus*-Arten (Eichen), doch nicht an *Q. cerris* (Zerreiche), ziemlich häufig.

1a
1b
2a
2b
2c

1 *Neuroterus lanuginosus*

Cynipidae (Gallwespen)

Beschreibung: Gallen der parthenogenetischen Generation an der Blattunterseite, dick scheibenförmig, in der Mitte etwas erhöht, 4–6 mm breit und bis 4 mm hoch. Färbung weiß oder rötlich, mit langer, oberseits rotbrauner, zu den Rändern hin weißer Behaarung. Innen mit mehreren flachen, unbewohnten Hohlräumen und in der Mitte einer Larvenkammer. Erscheint im September, reift im Oktober und fällt dann zu Boden. Die Wespe schlüpft im März oder April.
Vorkommen: An *Quercus cerris* (Zerreiche) und einigen nahen Verwandten, auch an immergrünen Quercus-Arten; von Südosteuropa bis Österreich und Italien verbreitet, fehlt in Deutschland.
Anmerkung: Eine bisexuelle Generation dieser Art ist nicht bekannt.

2 *Neuroterus numismalis*

Cynipidae (Gallwespen)

Beschreibung: Galle der bisexuellen Generation (**2a**) meist einzeln in der Blattfläche, kreisrund mit ca. 3 mm Durchmesser. Oberseits als flache Aufwölbung, in der Mitte mit einem winzigen Höcker und strahlenförmig angeordneten, hellen Streifen. Unterseits kaum über die Blattfläche hinausragend. Gallenreife Ende Mai; die Wespe erscheint im Juni. Gallen der parthenogenetischen Generation (**2b, 2c**) auf der Blattunterseite, oft in großer Zahl dicht beieinander. Dick scheibenförmig mit vertiefter Mitte, 2–3 mm im Durchmesser. Dicht mit einer goldbraunen, seidigen Behaarung überzogen. Anheftungsstellen der Gallen auf der Blattoberseite durch gelbe Flecke zu erkennen. Reife im Oktober; die Gallen fallen danach zu Boden und nehmen durch die Bodenfeuchtigkeit stark an Volumen zu. Die Wespen erscheinen im zeitigen Frühjahr.
Vorkommen: An vielen verschiedenen Laub abwerfenden *Quercus*-Arten (Eichen), auch an *Q. cerris* (Zerreiche), überall häufig.
Anmerkung: Die Galle der parthenogenetischen Generation ist als „Münzengalle“ oder „Seidenknopfgalle“ bekannt.

1

2a

2b

2c

1 *Neuroterus quercusbaccarum*

Cynipidae (Gallwespen)

Beschreibung: Galle der bisexuellen Generation kugelig, 4–7 mm im Durchmesser, hellgrün und saftig und so an eine Weinbeere erinnernd. Meist an männlichen Blütenkätzchen und dann oft mit feiner, roter Fleckung (**1a**) oder an der Blattunterseite (**1b**). In diesem Fall auf der Blattoberseite als gewölbte, kleine Scheibe zu erkennen. Seltener auch am Blattstiel oder an einem dünnen Zweig. Reife im Mai oder Juni; die Wespe schlüpft im Juni. Galle der parthenogenetischen Generation auf der Blattunterseite, selten auch auf der Oberseite, linsenförmig, mit flacher Unterseite und zur Mitte nabelartig oder winklig erhöhter Oberseite. 4-6 mm im Durchmesser und etwa 2 mm hoch, im Jugendstadium oft rosa gefärbt (**1c**), später gelbbraun mit zahlreichen rotbraunen und gelben Sternhaaren (**1d**). Oft in großer Zahl auf einem Blatt und dessen Unterseite oft fast vollkommen verdeckend. Blattfläche um die Anheftungsstelle oft in größerer Fläche gelblich entfärbt (**1e**, hier rechts im Bild außerdem 3 Gallen von *Neuroterus albipes*). Gallen ab August, mit der Reife im Oktober abfallend und dann durch Bodenfeuchtigkeit stark aufquellend. Die Wespen schlüpfen ab März des folgenden Jahres.
Vorkommen: Auf fast allen Laub abwerfenden *Quercus*-Arten (Eichen), überall häufig.
Anmerkung: Die Galle der bisexuellen Generation wird als „Weinbeerengalle“, die der parthenogenetischen Generation als „Linsengalle“ bezeichnet.

1a
1b
1c
1d
1e

1 *Neuroterus saliens*

Cynipidae (Gallwespen)

Beschreibung: Gallen der bisexuellen Generation (**1a**) in jungen Früchten; diese durch die Vergallung manchmal stark angeschwollen, manchmal aber auch äußerlich kaum verändert, aber oft fleckig rötlich verfärbt. Im Innern zahlreiche Larvenkammern (**1b**). Gallenreife im Mai; die Wespen schlüpfen im Mai und Juni und machen durch ihre zahlreichen Schlüpflöcher in der Wand der Fruchthülle die vergallten Früchte leicht kenntlich. Galle der parthenogenetischen Generation (**1c**) meist an Nerven der Blattunterseite, seltener auch der Oberseite, spindelförmig und bis 4 mm lang. Quillt erst kurz vor der Reife aus einer Spalte im Blattnerv hervor, oft zu mehreren nebeneinander an derselben Stelle. Kann auch an der Rinde junger Zweige vorkommen. Nach der Reife im Oktober springt die Galle durch eine ruckartige Bewegung der Wespenlarve in ihrem Innern von der Unterlage ab und fällt zu Boden. Hier kann sie durch weitere derartige Bewegungen noch eine zusätzliche Wegstrecke zurücklegen. Sie wird daher auch als „Springgalle" bezeichnet.
Vorkommen: Galle der parthenogenetischen Generation an *Quercus cerris* (Zerreiche), im Mittelmeergebiet auch an immergrünen *Quercus*-Arten, die der bisexuellen anscheinend auch an weiteren Arten dieser Gattung. Ursprünglich vom Mittelmeergebiet bis Österreich verbreitet, seit einigen Jahren auch in Deutschland.

2 *Neuroterus tricolor*

Cynipidae (Gallwespen)

Beschreibung: Galle der bisexuellen Generation (nicht abgebildet) an der Blattunterseite, kugelig und 4-5 mm groß. Weißlich oder graugrün, dicht mit weißen oder rötlichen, 1–2 mm langen Haaren besetzt. Reift im Juni; die Wespe schlüpft im gleichen Monat. Galle der parthenogenetischen Generation (**2a**, **2b**) ebenfalls an der Blattunterseite, linsenförmig und ca. 3 mm groß. In der Mitte erhöht, Rand oft aufgebogen; Färbung weißlich oder rötlich, auch mehrfarbig, mit zahlreichen braunen Sternhaaren. Reif ab Oktober, fällt danach zu Boden. Die Wespe erscheint im folgenden Frühjahr.
Vorkommen: An *Quercus petraea* (Traubeneiche), *Q. robur* (Stieleiche), *Q. pubescens* (Flaumeiche) und einigen nahe verwandten Arten, nicht häufig.

1a

1b

1c

2a

2b

1 *Plagiotrochus quercusilicis*

Cynipidae (Gallwespen)

Beschreibung: Gallen der bisexuellen Generation in männlichen Blütenkätzchen (**1a**) oder in Blättern der Wirtspflanze (**1b**). Im ersten Fall ist die Spindel des Blütenstandes deutlich eiförmig angeschwollen und meist leuchtend rot gefärbt. Die Gallen erinnern dadurch an Früchte des Maulbeerbaumes, lassen aber durch die an ihrer Oberfläche sitzenden Reste der Staubgefäße ihre Herkunft noch erkennen. Im zweiten Fall erscheint die Blattfläche im Bereich der Mittelrippe flach eiförmig angeschwollen und rot gefärbt; die restliche Blattfläche kann weitgehend bis auf den bestachelten Blattrand reduziert sein. Gallenreife im Frühjahr. Gallen der parthenogenetischen Generation (**1c**) in dünnen Zweigen der Wirtspflanze. Diese sind auf mehreren cm Länge deutlich verdickt und enthalten im Innern zahlreiche Larvenkammern. Gallenreife im Sommer.
Vorkommen: Besonders an *Quercus coccifera* (Kermeseiche), auch an anderen immergrünen *Quercus*-Arten. Im Mittelmeergebiet ziemlich verbreitet, in Mitteleuropa fehlend.

2 *Synophrus politus*

Cynipidae (Gallwespen)

Beschreibung: Galle meist an einem Zweig sitzend, kugelig oder eiförmig und um 1 cm groß. Mit hartem, holzigem Kern, in dem sich eine Larvenkammer befindet, und äußerer Rindenschicht. Diese zunächst grün, später braun gefärbt. Oft mit Blattresten oder einem kleinen Blattschopf. Selten auch an der Blattunterseite als 6–8 mm große Kugelgalle. Reife im Herbst; die Wespe erscheint im Frühjahr.
Vorkommen: An *Quercus cerris* (Zerreiche) und an immergrünen *Quercus*-Arten, im Mittelmeergebiet, nördlich bis Südtirol und Österreich; in Deutschland fehlend.
Anmerkung: Die Art gehört systematisch zu einer Unterfamilie der Gallwespen, zu der sonst nur Einmieter in Gallen anderer Arten zählen. Sie scheint sich wie die meisten nicht an Eichen lebenden Gallwespen nur bisexuell fortzupflanzen. Aus Spanien wurde allerdings auch eine parthenogenetische Rasse dieser Art beschrieben, die sich dort an *Q. suber* (Korkeiche) zu entwickeln scheint (Nieves-Aldrey 2001).

1a

1b

1c

2

1 *Trigonaspis megaptera*

Cynipidae (Gallwespen)

Beschreibung: Galle der bisexuellen Generation (**1a**) meist im unteren Teil von Stämmchen sehr junger Bäume oder an Stockausschlägen, seltener an dicken Stämmen, kugelig bis eiförmig und am Ende etwas zugespitzt, 4–10 mm groß. Fleischig, Färbung weißlich bis leuchtend rot. Im Innern eine Larvenkammer. Erscheint ab April und reift im Mai bis Juni; die Wespe schlüpft im Mai oder Juni. Gallen der parthenogenetischen Generation (**1b**, **1c**) blattunterseits an der Mittelrippe oder einem dickeren Seitennerven, nierenförmig bis unregelmäßig schüsselförmig, 2-4 mm groß. Oft in großen, dichten Gruppen, Färbung hellgrün oder gelblich, oft etwas gerötet (**1c**). Im Innern eine Larvenkammer. Gallenreife im Oktober oder November; die Gallen fallen danach zu Boden. Die Wespen erscheinen im folgenden Sommer oder Herbst, oft aber auch erst nach mehreren Jahren.
Vorkommen: An vielen verschiedenen Laub abwerfenden *Quercus*-Arten, ziemlich häufig.

2 *Trigonaspis synaspis*

Cynipidae (Gallwespen)

Beschreibung: Gallen der bisexuellen Generation (nicht abgebildet) nicht sicher von denen der vorangegangenen Art zu unterscheiden. Gallen der parthenogenetischen Generation (**2**) wie bei dieser oft in dichten Gruppen an der Blattunterseite. Form im deutlichen Unterschied zu ihnen aber kugelig mit bis zu 8 mm Durchmesser. Färbung hell gelblich bis rötlich, später braun, nach der Reife im September oder Oktober abfallend.
Vorkommen: An verschiedenen Laub abwerfenden *Quercus*-Arten (Eichen); im Mittelmeergebiet verbreitet, nach Norden bis Südtirol; in Deutschland fehlend.

1a

1b

1c

2

Ranunculus Hahnenfuß

1 *Uromyces ficariae*

Uredinales (Rostpilze)

Beschreibung: Gelblich entfärbte Flecke mit etwas verdicktem Gewebe in der Blattfläche, besonders in der Nähe des Blattrandes, bald auf der Blattunterseite mit etwa 0,5 mm großen, sternförmigen Öffnungen, in denen das orange gefärbte Sporenpulver erkennbar ist. Die vergallten Blattstellen werden später dunkelbraun. Erscheint zwischen April und Juni.
Vorkommen: An *Ranunculus ficaria* (Scharbockskraut), häufig.

2 *Dasyneura ranunculi*

Cecidomyiidae (Gallmücken)

Beschreibung: Gesamte Blattfläche oder Teile davon tütenförmig zusammengerollt, verdickt und gelblich oder rötlich gefärbt. Im Innern mehrere zunächst weiß, später rot gefärbte Mückenlarven. Erscheint ab Mai bis in den Spätsommer.
Vorkommen: An *Ranunculus acer* (Scharfer Hahnenfuß) und *R. repens* (Kriechender Hahnenfuß), wohl auch an weiteren Arten der Gattung, nicht häufig.

Rhamnus Kreuzdorn

3 *Trichochermes walkeri*

Psyllina (Blattflöhe)

Beschreibung: Blattrand auf meist 1–2 cm Länge nach oben umgerollt, deutlich knorpelig verdickt und fein pelzig behaart. Hellgrün gefärbt, manchmal rot oder violett getönt; im Innern mehrere Blattflohlarven. Erscheint ab Mai.
Vorkommen: An *Rhamnus catharticus* (Echter Kreuzdorn) häufig, seltener an anderen *Rhamnus*-Arten.

1

2

3

Rhododendron Alpenrose

1 *Exobasidium rhododendri*

Basidiomycetes (Ständerpilze)

Beschreibung: Bis etwa walnussgroße, fleischige und mehr oder weniger kugelige Anschwellung auf der Unterseite der Blattfläche oder im Blütenstand; meist gelblich gefärbt und an einer Seite gerötet, später durch die sich entwickelnden Sporenmassen mit einer weißen Bereifung.
Vorkommen: An *Rhododendron ferrugineum* (Rostrote Alpenrose) und *R. hirsutum* (Behaarte Alpenrose), in den Alpen stellenweise nicht selten.
Anmerkung: Die auffallende Galle ist als „Alpenrosenapfel“ oder „Saftapfel“ bekannt.

2 *Eriophyes alpestris*

Eriophyidae (Gallmilben)

Beschreibung: Blätter an der Sprossspitze in der ganzen Länge eng nach oben eingerollt, auf beiden Seiten der Blattspreite mit einzelligen Haaren besetzt und heller gefärbt als die normalen Blätter.
Vorkommen: An *Rhododendron ferrugineum* (Rostrote Alpenrose) und *R. hirsutum* (Behaarte Alpenrose) in den Alpen ziemlich häufig.

Ribes Johannisbeere

3 *Cecidophyopsis ribis* Johannisbeergallmilbe

Eriophyidae (Gallmilben)

Beschreibung: Vor allem Seitenknospen, seltener auch Spitzenknospen auf bis zu etwa 1 cm Größe verdickt; im Frühjahr sich etwas öffnend, aber dann nicht weiter austreibend. Zwischen den verkümmerten Blättern Gallmilben.
Vorkommen: Vor allem an *Ribes nigrum* (Schwarze Johannisbeere), doch auch an anderen Arten der Gattung, kann sich in Gärten zur Plage entwickeln.

4 *Cryptomyzus korschelti*

Aphidina (Blattläuse)

Beschreibung: Blattfläche nach oben blasig aufgetrieben und gelblich oder rot verfärbt (**4a**); in den entsprechenden Vertiefungen der Blattunterseite orangefarbige 2–2,5 mm große Blattläuse (**4b**).
Vorkommen: An *Ribes alpinus* (Alpen-Johannisbeere), häufig, auch in Gärten.

1

2

3

4a

4b

Robinia Robinie

1 *Obolodiplosis robiniae*

Cecidomyiidae (Gallmücken)

Beschreibung: Randrollung der Blattfiedern nach unten, teils auf einer Länge von ca. 1 cm (**1a**), teils als zigarrenförmige Einrollung der gesamten Fiedern (**1b**). Im Innern der Rolle weiße Mückenlarven.
Vorkommen: An *Robinia pseudoacacia* (Robinie), an warmen Stellen in Süd- und Mitteleuropa, auch in Deutschland.
Anmerkung: Die wie der Wirtsbaum aus Nordamerika stammende Gallmücke wurde erstmals 2003 in Europa gefunden und breitet sich schnell weiter aus; die hier gezeigten Bilder entstanden 2006 in Heidelberg.

Rosa Rose

2. *Phrygmidium* sp.

Uredinales (Rostpilze)

Beschreibung: Anschwellungen an Zweigen, Blättern oder Blüten, die aufbrechen und leuchtend orangefarbene Sporenmassen hervorquellen lassen. Mehrere verschiedene Arten der Gattung, die sich vor allem nach dem Bau der Sporen, teilweise auch nach den Wirtspflanzenarten unterscheiden lassen.
Vorkommen: An verschiedenen *Rosa*-Arten (Rosen), außer an Wildarten auch an Zuchtformen, häufig.

3 *Dasyneura rosae (= Wachtliella rosarum)*

Cecidomyiidae (Gallmücken)

Beschreibung: Beide Hälften der Blattfiedern wie eine Erbsenschote nach oben zusammengeklappt; Blattflächen bis auf einen schmalen Randsaum stark bauchig erweitert und verdickt. Entlang der Kontaktlinie der beiden Hälften oft wellenförmig hin und her gebogen (**3a**); Außenseite nicht selten gerötet (**3b**). Im Innern mehrere orangefarbene Larven. Von Mai bis September in 2–3 Generationen.
Vorkommen: An verschiedenen Wildarten der Gattung Rosa (Rosen) häufig, seltener an Zuchtformen
Anmerkung: Oft leben in den Gallen dieser Art Larven anderer Gallmückenarten als Einmieter.

1a

1b

2

3a

3b

1 *Diplolepis eglanteriae*
Cynipidae (Gallwespen)

Beschreibung: Gallen meist auf der Blattunterseite, seltener auf der Oberseite, oft zu mehreren nebeneinander, kugelrund und 3–8 mm im Durchmesser. Wand ziemlich fest; Färbung grün oder mehr oder weniger gerötet (besonders bei Gallen auf der Blattoberseite), innen mit einer Larvenkammer. Reife ab Juni, dann abfallend; Wespen schlüpfen im Mai des Folgejahres.
Vorkommen: An verschiedenen wilden *Rosa*-Arten (Rosen), häufig.

2 *Diplolepis mayri*
Cynipidae (Gallwespen)

Beschreibung: Gallen meist an Zweigen, einzeln und mehr oder weniger kugelig oder zu mehreren zusammenfließend und dann bis 4 cm große, knollige Komplexe bildend; außen mit zahlreichen 3–5 mm langen Stacheln besetzt. Auch an Blätter, dort aber fast immer als einkammerige Einzelgallen (**2**). Färbung gelblich oder rot, später dunkelbraun. Erscheinen im Juni oder Juli; Zweiggallen verbleiben lange an der Wirtspflanze; Blattgallen fallen mit den Blättern zu Boden. Die Wespen schlüpfen im Mai oder Juni des nächsten Jahres.
Vorkommen: An verschiedenen wilden *Rosa*-Arten (Rosen), nicht häufig, selten an Zuchtformen.

3 *Diplolepis nervosa (=D. rosarum)*
Cynipidae (Gallwespen)

Beschreibung: Gallen meist auf der Blattunterseite, seltener auf der Oberseite, meist einzeln, rundlich und mit mehreren kräftigen, stachelartigen Fortsätzen. Mehr oder weniger stark gerötet. Reif ab Juli, danach abfallend. Wespe im Sommer des nächsten Jahres.
Vorkommen: An verschiedenen wilden *Rosa*-Arten (Rosen), nicht häufig.

1a

1b

2

3

1 *Diplolepis rosae* Schlafapfel-Gallwespe

Cynipidae (Gallwespen)

Beschreibung: Gallen als etwa 50 mm große, manchmal sogar noch größere, feste Klumpen an den Zweigspitzen mit zahlreichen fädigen, meist verzweigten Auswüchsen. Grün oder gelblich gefärbt, oft mehr oder weniger stark gerötet (**1c**). Entsteht nicht aus dem Rindengewebe, sondern aus vergallten Blattanlagen, die zu größeren Komplexen miteinander verwachsen. Gallenkörper mit zahlreichen Kammern, in denen außer den Wirtslarven fast immer auch eine größere Zahl an Parasiten und Einmietern heranwachsen (**1b**). Gallen gelegentlich auch am Blattstiel oder auf der Blattfläche, dann aber fast immer ziemlich klein (**1d**). Gallenreife ab August; alte Gallen noch jahrelang am Zweig zu erkennen. Die Wespe schlüpft im folgenden Mai oder Juni. In Mitteleuropa praktisch ausschließlich Weibchen. Sie besitzen einen an der Basis rot gefärbten Hinterleib und beginnen schon bald mit der Eiablage in die austreibenden Zweigspitzen (**1a**). Männchen treten erst in Südeuropa hin und wieder auf, so dass man bei uns von einer rein parthenogenetischen Fortpflanzung ausgehen kann.
Vorkommen: An vielen verschiedenen wilden *Rosa*-Arten (Rosen), seltener auch an Zuchtformen, überall häufig.
Anmerkung: Die auch als „Bedeguar“ oder „Schlafapfel“ bekannte Galle soll nach einem alten Volksglauben, unter das Kissen gelegt, gegen Schlafstörungen helfen.

2 *Diplolepis spinosissimae*

Cynipidae (Gallwespen)

Beschreibung: Meist als beidseitig auf der Blattfläche erscheinende, einkammerige Galle von 3–5 cm Länge, oft zu mehreren zusammenfließend und dann auch größere, mehrkammerige Komplexe bildend. Gelegentlich auch an Blattstielen oder Blüten. Reife im Sommer, fällt anschließend mit dem Blatt zu Boden. Die Wespe erscheint im Juni des nächsten Jahres.
Vorkommen: An vielen verschiedenen *Rosa*-Arten (Rosen), auch an Zuchtformen, gebietsweise ziemlich häufig.

1a

1b

1c

1d

2a

2b

1 *Lasioptera rubi*

Cecidomyiidae (Gallmücken)

Beschreibung: Kugelige bis länglich-eiförmige, meist einseitige Anschwellung des Triebes, bis 3 cm lang und 5–15 mm dick. Zunächst grün, später holzig und braun mit längsrissig aufplatzender Rinde. Im Innern zahlreiche weiße, später orangefarbene Mückenlarven. Erscheint ab Juni und reift im Spätsommer bis Herbst; die Mücke schlüpft ab Mai des nächsten Jahres.
Vorkommen: An *Rubus idaeus* (Himbeere), *R. caesius* (Kratzbeere) und *R. fruticosus* (Brombeere), überall häufig.

2 *Diastrophus rubi*

Cynipidae (Gallwespen)

Beschreibung: Eiförmige bis schmal längliche, außen bucklig unebene Anschwellung des Triebes von 1–8 cm Länge und bis 1 cm Durchmesser. Außen grün und glatt berindet, im Innern zahlreiche Larvenkammern (**2a**). Gelegentlich auch an Blattstielen, dann aber ziemlich klein und mit wenigen Kammern. Erscheint ab Juni und reift im Spätsommer. Die Wespen schlüpfen im Mai oder Juni des nächsten Jahres und hinterlassen in der Rinde ein Muster aus braun umringten Schlupflöchern (**2b**).
Vorkommen: Vor allem an *Rubus caesius* (Kratzbeere), auch an *R. fruticosus* (Brombeere), nicht selten.

1

2a

2b

1 *Agrobacterium tumefaciens*

Bacteria (Bakterien)

Beschreibung: Aus der Rinde an einem Zweig oder am Stamm hervorbrechende, rundliche Wucherung, von meist Haselnuss- bis Walnussgröße, manchmal bis Faustgröße. Zunächst fleischig und weißlich gefärbt (**1a**), später zunehmend bräunlich und verholzend (**1b**), im Innern ohne Kammern. Wächst über mehrere Jahre und bleibt später noch weitere Jahre gut erkennbar.
Vorkommen: An vielen verschiedenen *Salix*-Arten (Weiden), daneben auch an verschiedenen anderen Pflanzen.

2 *Melampsora* sp.

Uredinales (Rostpilze)

Beschreibung: Orangefarbene, rundliche Sporenlager von ca. 1–3 mm Durchmesser an der Blattunterseite, oft aber auch auf der Oberseite. Mehrere nur nach mikroskopischen Merkmalen der Sporen unterscheidbare Arten.
Vorkommen: An verschiedenen *Salix*-Arten (Weiden), die einzelnen Pilzarten meist an bestimmte Weidenarten gebunden.
Anmerkung: Die meisten *Melampsora*-Arten zeigen einen Wirtswechsel zu anderen Pflanzen, je nach Art etwa zu *Allium* (Lauch), *Galanthus* (Schneeglöckchen) oder *Arum* (Aronstab), manche bleiben mit allen Generationen auf der gleichen Pflanze.

3 *Aculus tetanothrix*

Eriophyidae (Gallmilben)

Beschreibung: Gallen vor allem auf der Blattoberseite, köpfchenförmig, kurz gestielt und 1–2 mm hoch, meist zahlreich auf einem Blatt. Außenseite kahl oder behaart, innen ebenso. Auf der Blattunterseite eine enge Öffnung, die durch Haare versperrt wird.
Vorkommen: Auf schmalblättrigen *Salix*-Arten (Weiden), häufig.
Ähnlich: Auf den breitblättrigen Weiden aus der Verwandtschaft von *S. caprea* (Salweide) findet man die sehr ähnlichen Gallen von *Aculus laevis*.

1a

1b

2

3

1 *Stenacis triradiatus*

Eriophyidae (Gallmilben)

Beschreibung: Kleine bis mehrere Dezimeter große Missbildung von Zweigspitzen, Seitenzweigen oder Blütenkätzchen, oft verbunden mit starker Verzweigung und Ausbildung extrem vieler deutlich verkleinerter Blätter. Diese können zu kolbenartigen Gebilden verdichtet (**1a**), in anderen Fällen aber auch sehr locker angeordnet sein (**1b**).
Vorkommen: An verschiedenen *Salix*-Arten (Weiden) nicht selten, besonders an schmalblättrigen, seltener an *Salix caprea* (Salweide) und ihren näheren Verwandten (**1c**).
Anmerkung: Die Entstehung dieser auch als „Wirrzöpfe" bekannten, auffallenden Bildungen ist immer noch umstritten. Zunächst ging man von Gallmilben als Verursachern aus. Später waren dann aber vor allem Bakterien und Viren im Gespräch; die Gallmilben, von denen man z. T. verschiedene Arten zwischen den Blättern fand, galten jetzt als sekundäre Besiedler. Neuerdings wird aber wieder davon ausgegangen, dass sie wohl doch von der Gallmilbe *Stenacis triradiatus* verursacht werden und die weiteren Arten von Gallmilben als Einmieter zu betrachten sind (Roskam 2009).

2 *Aculus magnirostris*

Eriophyidae (Gallmilben)

Beschreibung: Blattrand meist an mehreren voneinander getrennten Stellen eng aufgerollt, verdickt und oft auch wellenförmig auf und ab gebogen. Zunächst grün, später oft leuchtend rot gefärbt.
Vorkommen: An *Salix fragilis* (Bruchweide) und *S. alba* (Silberweide), nicht selten.
Ähnlich: Sehr ähnliche Blattrandgallen an Weiden aus der Verwandtschaft von *Salix caprea* (Salweide) verursacht die Gallmilbe *Aculus craspedobius*.

1a 1b 1c

2

1 *Iteomyia capreae*

Cecidomyiidae (Gallmücken)

Beschreibung: Gallen in der Blattfläche, oft in größerer Zahl dicht beieinander, rundlich und 1–3 mm im Durchmesser. Auf beiden Blattseiten sichtbar, doch auf der Blattunterseite deutlicher; hier mit einer punktförmigen, rötlich umringten Öffnung. Im Innern jeweils eine zunächst weiße, später orangefarbene Mückenlarve.
Vorkommen: An *Salix caprea* (Salweide) und ihren nahen Verwandten, häufig.

2 *Iteomyia major*

Cecidomyiidae (Gallmücken)

Beschreibung: Gallen in der Blattfläche, an der Mittelrippe oder einem Seitennerven zu etwa 2–10 einen knorpelig harten Komplex bildend. Öffnungen der Einzelgallen auf der Blattunterseite. Im Innern zunächst weiße, später orangefarbene oder rote Mückenlarven.
Vorkommen: An *Salix caprea* (Salweide) und ihren nahen Verwandten, ziemlich häufig.

3 *Rabdophaga heterobia*

Cecidomyiidae (Gallmücken)

Beschreibung: Gallen der ersten Generation (**3a**) an männlichen Blütenkätzchen; diese meist an ihrer Spitze, seltener an der Basis mit deutlich verdickten und verlängerten, dicht weißfilzig behaarten Staubfäden, hierdurch etwa zur Hälfte wollig verdickt erscheinend. Gallen der zweiten Generation (**3b**) an den Zweigspitzen; hier als knospenartiger, bis etwa 10 mm großer, dicht weißbehaarter Blattschopf, der von 3–6 größeren, an der Basis deutlich verbreiterten und sternförmig ausgebreiteten Blättern eingerahmt wird. Zwischen den verdickten Staubfäden bzw. im Blattschopf mehrere gelb oder rötlich gefärbte Mückenlarven.
Vorkommen: Nur an *Salix triandra* (Mandelblättrige Weide), nicht selten.

4 *Rabdophaga terminalis*

Cecidomyiidae (Gallmücken)

Beschreibung: Oberste Blätter an der Triebspitze zu einem schmalen Schopf zusammenneigend. Blätter etwas verdickt und oft rötlich gefärbt, nicht auffällig behaart. Im Innern viele rötlich gefärbte Mückenlarven.
Vorkommen: An verschiedenen schmalblättrigen *Salix*-Arten (Weiden), ziemlich häufig.

1

2

3a

3b

4

1 *Rabdophaga salicis*

Cecidomyiidae (Gallmücken)

Beschreibung: Spindelförmige, um 1 cm dicke und oft mehrere cm lange Anschwellung eines jungen Zweiges, die sich allmählich zur normalen Zweigdicke verschmälert. Im Innern zahlreiche Larvenkammern mit gelblichen Mückenlarven.
Vorkommen: Vorwiegend an *Salix caprea* (Salweide) und nahe verwandten Arten, seltener an anderen Arten der Gattung.
Ähnlich: Mehrere weitere Gallmückenarten in ähnlichen Gallen an anderen *Salix*-Arten.

2 *Rabdophaga rosaria*

Cecidomyiidae (Gallmücken)

Beschreibung: Blätter an einer Zweigspitze verkleinert und zu einer dichten, aber ausgebreiteten Rosette zusammengezogen. Nicht auffallend behaart. Im Innern nur eine gelblich gefärbte Larve. Galle nach dem Laubfall schwarz verfärbt und dann noch lange Zeit am Zweig zu erkennen.
Vorkommen: An *Salix caprea* (Salweide) und nahe verwandten Arten (**2a**) und an *Salix alba* (Silberweide) (**2b**), nicht selten.

3 *Rabdophaga strobilina*

Cecidomyiidae (Gallmücken)

Beschreibung: Blätter an der Zweigspitze zu einer fast geschlossenen, 10–15 großen Knospe zusammengezogen, sehr an eine sich eben öffnende Rosenknospe erinnernd. Grün oder gelblich gefärbt, oft auch deutlich gerötet. Zweig unterhalb der Galle oft in einem engen Kreis um mehr als 180° gebogen.
Vorkommen: An *Salix purpurea* (Purpurweide), ziemlich häufig, vor allem in den Alpen und in ihrem Vorland.

1

2a

2b

3

1 *Phyllocolpa* sp.

Tenthredinidae (Blattwespen)

Beschreibung: Blattrand meist etwa auf seiner halben Länge nach unten umgeschlagen oder eingerollt, nicht deutlich verdickt (**1a**). Unter dem umgeschlagenen Rand eine weiße Blattwespenlarve (**1b**). Mehrere schwer unterscheidbare Arten der Gattung, die z. T. an ganz bestimmte Wirtsarten gebunden sind. Abbildung der Wespe siehe S. 23.
Vorkommen: An verschiedenen *Salix*-Arten (Weiden), häufig.

2 *Euura mucronata*

Tenthredinidae (Blattwespen)

Beschreibung: Blütenknospen der Wirtspflanze deutlich angeschwollen (**2a**). Wand verdickt und etwas fleischig. Im Innern eine weiße oder gelbliche Blattwespenlarve (**2b**).
Vorkommen: Nur an *Salix aurita* (Ohrweide).
Ähnlich: An anderen *Salix*-Arten sehr ähnliche Knospengallen anderer *Euura*-Arten.

3 *Euura amerinae*

Tenthredinidae (Blattwespen)

Beschreibung: Haselnuss- bis walnussgroße, rundliche oder etwas längliche Wucherungen an Zweigen, die sehr an die vor allem an Weiden vorkommenden Gallbildungen des Bakteriums *Agrobacterium tumefaciens* erinnern (siehe S. 240). Im deutlichen Unterschied zu diesen aber im Innern mit mehreren Kammern, in denen jeweils eine Blattwespenlarve lebt (**3b**).
Vorkommen: Nur an *Salix pentandra* (Lorbeerweide), offenbar mehr im nördlichen Mitteleuropa.
Anmerkung: Einzige Blattwespengalle mit mehreren Larvenkammern.

1a

1b

2a

2b

3a

3b

1 *Pontania acutifolia daphnoides*

Tenthredinidae (Blattwespen)

Beschreibung: Rundliche Galle an der Blattunterseite. Deutlich glänzend, grün oder gelblich bis leuchtend rot gefärbt, auf der Oberfläche meist wenige gelbliche Warzen.
Vorkommen: Nur an *Salix daphnoides* (Reifweide), vor allem im ursprünglichen Verbreitungsgebiet der Wirtspflanze (Alpen und Alpenvorland), doch auch an sekundären Vorkommen dieser oft angepflanzten Weide nicht fehlend.
Anmerkung: Die Stammart dieser Blattwespe (*P. acutifolia acutifolia*) lebt an der in Osteuropa und Asien heimischen *Salix acutifolia*.

2 *Pontania bella*

Tenthredinidae (Blattwespen)

Beschreibung: Rundliche Galle an der Blattunterseite. Unbehaart und deutlich glänzend, mehr oder weniger mit Warzen besetzt. Färbung gelblich bis leuchtend rot.
Vorkommen: Nur an *Salix aurita* (Ohrweide), nicht häufig.

3 *Pontania bridgmanii*

Tenthredinidae (Blattwespen)

Beschreibung: Galle auf beiden Blattseiten etwa gleich ausgebildet, bohnenförmig und dickwandig. Oberfläche glatt und unbehaart.
Vorkommen: Offenbar an *Salix caprea* (Salweide), *S. cinerea* (Grauweide) und *S. aurita* (Ohrweide), häufig.

4 *Pontania collactanea*

Tenthredinidae (Blattwespen)

Beschreibung: Gallen an der Blattunterseite, rundlich oder etwas unregelmäßig geformt. Oberfläche mit oder ohne Warzen, schwach behaart oder kahl. Färbung grün bis einfarbig rot.
Vorkommen: Nur an *Salix repens* (Kriechweide), an den Vorkommensorten der Wirtspflanze meist nicht selten.

1

2

3

4

1 *Pontania eleagnocola*

Tenthredinidae (Blattwespen)

Beschreibung: Gallen auf der Blattoberseite, länglich („wurstförmig"), meist zu zweit beiderseits der Mittelrippe und parallel zueinander orientiert; zunächst grün, später meist dunkelrot gefärbt.
Vorkommen: Nur an *Salix eleagnos* (Lavendelweide), an den Standorten dieser Weide entlang der Alpenflüsse stellenweise nicht selten.

2 *Pontania kriechbaumeri*

Tenthredinidae (Blattwespen)

Beschreibung: Gallen an der Blattunterseite, rundlich bis eiförmig, oft seitlich etwas abgeflacht oder an der Spitze zweizipfelig. Grundfärbung grün oder rot, durch die dichte, weißfilzige Behaarung teilweise verdeckt.
Vorkommen: Nur an *Salix eleagnos* (Lavendelweide), an den Standorten dieser Weide in den Alpen und im Alpenvorland ziemlich häufig.

3 *Pontania pedunculi*

Tenthredinidae (Blattwespen)

Beschreibung: Gallen an der Blattunterseite, kugelig, gelbgrün gefärbt, abstehend weiß behaart und auf der Oberfläche mit einigen feinen Warzen besetzt.
Vorkommen: Nur an *Salix cinerea* (Grauweide), ziemlich häufig.

1

2a

2b

3

1 *Pontania proxima*

Tenthredinidae (Blattwespen)

Beschreibung: Gallen neben der Blattmittelrippe, bohnenförmig und dickwandig, auf der Ober- und Unterseite gleichermaßen entwickelt. Meist in größerer Zahl in zwei Reihen angeordnet (manchmal mehr als 20 Gallen/Blatt), Färbung grün oder rot, Oberfläche glatt und glänzend. In zwei Generationen von Frühjahr bis Herbst. Kurz vor Ende der Entwicklung beißt die Larve ein Loch in die Unterseite und entfernt den Kot aus der Galle, verpuppt sich aber schließlich am Erdboden in einem Kokon. Die Eientwicklung erfolgt parthenogenetisch (auf über 500 Weibchen kommt durchschnittlich ein Männchen).
Vorkommen: An *Salix fragilis* (Bruchweide) und *S. alba* (Silberweide), fast überall die häufigste *Pontania*-Art.

2 *Pontania triandrae*

Tenthredinidae (Blattwespen)

Beschreibung: Gallen außer durch die andere Wirtspflanze kaum von denen der vorangegangenen Art zu unterscheiden, meist einzeln oder in geringer Zahl auf einem Blatt.
Vorkommen: Nur an *Salix triandra* (Mandelblättrige Weide), ziemlich häufig.

3 *Pontania reticulatae*

Tenthredinidae (Blattwespen)

Beschreibung: Gallen nur an der Blattunterseite, unregelmäßig kugelig, unbehaart und dünnwandig. Gelblich grün oder je nach Besonnung mehr oder weniger rot gefärbt.
Vorkommen: Nur an *Salix reticulata* (Netzblättrige Weide), in den Alpen an den Standorten der Wirtspflanze.

4 *Pontania varia*

Tenthredinidae (Blattwespen)

Beschreibung: Gallen nur an der Blattunterseite, unregelmäßig kugelig, deutlich behaart bis unbehaart. Oft mit kleinen Warzen an der Oberfläche und oft zu mehreren nebeneinander. Färbung gelbgrün, oft rotbackig oder ganz rot.
Vorkommen: Nur an *Salix myrsinifolia* (Schwarzwerdende Weide), im Alpenvorland und in den Alpen nicht selten.

1

2

3

4

1 *Pontania vesicator*

Tenthredinidae (Blattwespen)

Beschreibung: Gallen auf beiden Blattseiten gleich entwickelt, ziemlich groß und blasig aufgetrieben, Blattfläche im Bereich der Gallen meist deutlich verbreitert. Unbehaart und dünnwandig, gelbgrün und meist mehr oder weniger stark gerötet.
Vorkommen: Nur an *Salix purpurea* (Purpurweide), ziemlich häufig.

2 *Pontania viminalis*

Tenthredinidae (Blattwespen)

Beschreibung: Gallen an der Blattunterseite, kugelig, auf der Oberfläche meist mit einigen Warzen. Färbung gelbgrün und mehr oder weniger gerötet.
Vorkommen: Nur an *Salix purpurea* (Purpurweide), häufig.

3 *Pontania virilis*

Tenthredinidae (Blattwespen)

Beschreibung: Gallen sehr ähnlich denen von *Pontania eleagnocola* (S. 252), außer durch die Wirtspflanze kaum von dieser zu unterscheiden. Oberfläche aber oft grau bereift und Färbung dadurch mehr violett erscheinend.
Vorkommen: Nur an *Salix purpurea* (Purpurweide), nicht selten.
Anmerkung: Gelgentlich können alle drei auf dieser Seite vorgestellten Gallen nebeneinander an der gleichen Weide auftreten.

1

2

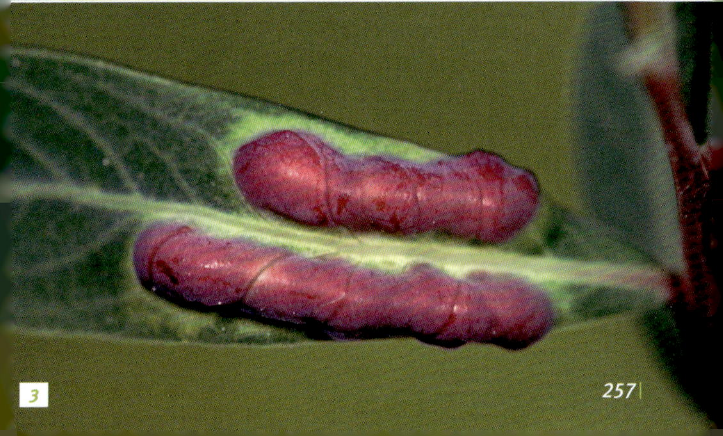

3

Salvia Salbei

1 *Aceria salviae*

Eriophyidae (Gallmilben)

Beschreibung: Blattfläche mit unterschiedlich großen, pockenartigen Erhebungen, unterseits jeweils eine dicht behaarte Höhlung. Haare einfach oder verzweigt, zunächst weiß, später bräunlich. Derartige Haarfilze z. T. auch blattoberseits sowie an Blattstielen und Stängeln.
Vorkommen: An verschiedenen *Salvia*-Arten (Salbei), gebietsweise ziemlich häufig.

Sambucus Holunder

2 *Epitrimerus trilobus*

Eriophyidae (Gallmilben)

Beschreibung: Ränder meist mehrerer benachbarter Fiederblätter eng nach oben umgerollt, Blattfläche beulig gekräuselt und oft entfärbt. Vielfach die ganzen Blattfiedern löffelartig aufgebogen.
Vorkommen: An verschiedenen *Sambucus*-Arten (Holunder), ziemlich häufig.

3 *Placochela nigripes*

Cecidomyiidae (Gallmücken)

Beschreibung: Blütenknospen blasig angeschwollen, sich nicht öffnend. Meist mehrere Knospen in einem Blütenstand betroffen. Im Innern eine gelb oder orange gefärbte Mückenlarve. Erscheint im Juni und Juli.
Vorkommen: An *Sambucus nigra* (Schwarzer Holunder), nicht selten.

Sanguisorba Wiesenknopf

4 *Aceria sanguisorbae*

Eriophyidae (Gallmilben)

Beschreibung: Vor allem die Blattfiedern, oft aber auch Blattstiele, Stängel und Blütenknospen mit einem dichten, weißen Haarfilz überzogen und z. T. deformiert.
Vorkommen: An *Sanguisorba minor* (Kleiner Wiesenknopf), seltener an *S. officinalis* (Großer Wiesenknopf).

1

2

3

4

Scabiosa Skabiose

1 *Aceria squalida*
Eriophyidae (Gallmilben)

Beschreibung: Blütenknospen und obere Blätter etwas verkleinert und zu weißfilzigen, lang und dicht behaarten Komplexen zusammengezogen.
Vorkommen: Vor allem an *Scabiosa columbaria* (Taubenskabiose), doch auch an anderen Arten der Gattung, nicht häufig.

Scrophularia Braunwurz

2 *Asphondylia scrophulariae*
Cecidomyiidae (Gallmücken)

Beschreibung: Blütenkrone stark angeschwollen und sich nicht öffnend, Kelchblätter dagegen kaum verändert. Staubgefäße und Fruchtknoten verdickt, im Innern der Blüte ein weißgraues Pilzgeflecht und eine gelbe Mückenlarve.
Vorkommen: An *Scrophularia canina* (Hunds-Braunwurz) (**2a**), *S. nodosa* (Knotige Braunwurz) (**2b**) und anderen Arten der Gattung, nicht selten.

Sempervivum Hauswurz

3 *Endophyllum sempervivi*
Uredinales (Rostpilze)

Beschreibung: Einige bis viele Blätter der Rosette aufgerichtet und z. T. auf das doppelte Maß verlängert, gelblich entfärbt. Auf der Oberfläche punktförmige Sporenlager.
Vorkommen: An verschiedenen *Sempervivum*-Arten (Hauswurz), an den alpinen und den meist kultivierten außeralpinen Standorten dieser Pflanzen nicht selten.

1

2a

2b

3

Silene Leimkraut

1 *Jaapiella floriperda*
Cecidomyiidae (Gallmücken)

Beschreibung: Blütenknospen deutlich vergrößert, geschlossen bleibend (**1**, rechte Knospe). Im Innern gelb oder rot gefärbte Mückenlarven.
Vorkommen: An *Silene vulgaris* (Aufgeblasenes Leimkraut).

2 *Jaapiella alpina*
Cecidomyiidae (Gallmücken)

Beschreibung: Blätter am Ende nicht blühender Triebe knospenartig gehäuft, an der Basis verdickt und gelblich entfärbt. Im Innern rosarot gefärbte Mückenlarven.
Vorkommen: An *Silene acaulis* (Stängelloses Leimkraut), an den alpinen Standorten der Pflanze regelmäßig zu finden.

Sonchus Gänsedistel

3 *Cystiphora sonchi*
Cecidomyiidae (Gallmücken)

Beschreibung: Kreisrunde, etwa 5 mm große Auftreibungen der Blattfläche, meist purpurrot und in der Mitte etwas heller gefärbt. Oft von einem gelben Ring umgeben. Meist zahlreich in einem Blatt und oft beiderseits der Mittelrippe aufgereiht. In jeder Galle eine gelblich gefärbte Mückenlarve.
Vorkommen: Vor allem an *Sonchus arvensis* (Acker-Gänsedistel), doch auch an anderen Arten der Gattung, ziemlich häufig.

Sorbus Vogelbeere, Elsbeere u. a.

4 *Gymnosporangium cornutum*
Uredinales (Rostpilze)

Beschreibung: Auf der Blattunterseite kissenförmige, etwa 5 mm große, leuchtend orange gefärbte Aufwölbungen mit hornförmigen Sporenträgern. Diese an der Spitze mit einer Öffnung.
Vorkommen: An *Sorbus aucuparia* (Vogelbeere), häufig.
Anmerkung: Eine andere Generation dieses Pilzes an *Juniperus communis* (Wacholder).

1

2

3

4

Sorbus Vogelbeere, Elsbeere u. a.

1 *Eriophyes sorbi*
Eriophyidae (Gallmilben)

Beschreibung: Pockenartige, ober- und unterseits meist nur schwach hervortretende, um 2 mm große Auftreibungen der Blattfläche. Auf der Unterseite eine enge Öffnung. Zunächst hellgrün, später braun gefärbt.
Vorkommen: An *Sorbus aucuparia* (Eberesche), häufig.

2 *Eriophyes torminalis*
Eriophyidae (Gallmilben)

Beschreibung: Sehr ähnliche pockenartige Auftreibungen der Blattfläche wie bei der vorangegangenen Art, nur durch die Wirtspflanze von dieser zu unterscheiden.
Vorkommen: An *Sorbus torminalis* (Elsbeere).
Anmerkung: Die artliche Trennung dieser und der vorangegangenen Gallmilbe ist derzeit noch umstritten und bedarf daher weiterer Untersuchungen.

Tanacetum Rainfarn

3 *Rhopalomyia tanaceticola*
Cecidomyiidae (Gallmücken)

Beschreibung: Blätter (**3a**) oder Blütenköpfchen (**3b**) mit krugförmigen, bis 7 mm hohen Gallen. Diese bei der Reife mit mehreren schräg nach außen gerichteten Zipfeln und zwischen diesen weiß behaart. Färbung zunächst grün, später bräunlich oder dunkel violett. Auch an Knospen an der Stängelbasis. Innen jeweils mit einer orangeroten Mückenlarve. Die Gallen erscheinen von Mai bis Oktober; die Mücken bilden jährlich zwei Generationen aus.
Vorkommen: An *Tanacetum vulgare* (Rainfarn); nicht selten, in Norddeutschland häufig.

1

2

3a

3b

Taraxacum Löwenzahn

1 *Cystiphora taraxaci*
Cecidomyiidae (Gallmücken)

Beschreibung: Blätter mit 4–5 mm großen, runden Flecken, die oft zu mehreren zusammenfließen und oberseits nur leicht gewölbt, unterseits glatt sind. Färbung gelbgrün bis leuchtend purpurrot, innen jeweils mit einer orangefarbenen Mückenlarve. Gallen von Mai bis Oktober, Mücken jährlich in 2–3 Generationen.
Vorkommen: An *Taraxacum officinale* (Gewöhnlicher Löwenzahn), häufig.

2 *Trioza dispar*
Psyllina (Blattflöhe)

Beschreibung: Blätter oberseits mit zahlreichen, 1–2 mm großen Emporwölbungen (**2a**), unterseits mit entsprechenden Vertiefungen. Darin jeweils eine stark abgeflachte, hellbraune Blattflohlarve mit zahlreichen kurzen, weißen Wachsfäden an Kopf und Brustabschnitt sowie ebenso vielen mehrfach längeren am Hinterleib. Larven ab Mai oder Juni.
Vorkommen: An *Taraxacum officinale* (Gewöhnlicher Löwenzahn), nicht selten.

Taxus Eibe

3 *Cecidophyopsis psilaspis*
Eriophyidae (Gallmilben)

Beschreibung: Blattknospen oder männliche Blütenknospen etwas angeschwollen und nicht austreibend. Innere Knospenteile verkümmert, bei vergallten Blütenknospen außerdem die Deckblätter verdickt.
Vorkommen: An *Taxus baccata* (Eibe); stellenweise ziemlich häufig, kann in Baumschulen schädlich werden.

4 *Taxomyia taxi*
Cecidomyiidae (Gallmücken)

Beschreibung: Triebspitzen und Seitentriebe zu 10–20 mm langen, zapfenartigen Gebilden aus stark verkürzten und verbreiterten Nadeln zusammengezogen. Im Innern eine orangefarbene Mückenlarve. Mit ein- oder zweijährigem Entwicklungszyklus (im selteneren ersten Fall Entwicklung in deutlich kleineren Gallen).
Vorkommen: An *Taxus baccata* (Eibe), vor allem an wild wachsenden Exemplaren.

1

2a

2b

3

4

1 *Aculus teucrii*

Eriophyidae (Gallmilben)

Beschreibung: Blätter vorwiegend im oberen Teil der Pflanze parallel zum Rand wulstartig empor gewölbt und hellgelb entfärbt; manchmal auffallend behaart. Blattunterseite mit entsprechenden, behaarten Vertiefungen, in denen sich die Gallmilben aufhalten.
Vorkommen: An *Teucrium chamaedrys* (Echter Gamander), nicht selten.

2 *Copium clavicorne*

Tingidae (Netzwanzen)

Beschreibung: Blütenkrone vor allem im oberen Teil blasig verdickt und etwas aus dem Kelch hervortretend (**2**, die unteren Knospen). Staubgefäße und manchmal auch der Stempel etwas angeschwollen. Im Innern von Juni bis August jeweils eine Wanzenlarve; ab Ende August verlassen die ausgewachsenen Wanzen (Abbildung siehe S. 18) die Gallen. Diese von der folgenden Art durch ihre teilweise zweireihig außen neben den Flügeln angelegten Maschen des Hinterleibsrandes gut zu unterscheiden.
Vorkommen: An *Teucrium chamaedrys* (Echter Gamander), seltener als die folgende Art.

3 *Copium teucrii*

Tingidae (Netzwanzen)

Beschreibung: Kelch der Blüte stark angeschwollen und die Blütenkrone meist völlig umhüllend (**3a**, unten im Bild). Innere Blütenteile mehr oder weniger verkümmert. Im Innern jeweils eine Wanzenlarve (**3b**). Die ausgewachsenen Wanzen (**3c**) bereits ab Juli. Im Unterschied zur vorangegangenen Art neben dem Flügel mit nur einer Maschenreihe an der Seite des Hinterleibs.
Vorkommen: An *Teucrium montanum* (Berggamander), im Vorkommensgebiet der Pflanze meist häufig.

1

2

3a

3b

3c

Thalictrum Wiesenraute

1 *Puccinia* sp.
Uredinales (Rostpilze)

Beschreibung: Leuchtend orangefarbene Flecken an der Blattunterseite, hier das Blattgewebe etwas verdickt; Sporenbehälter becherförmig mit zerschlitztem, umgebogenem Rand. Mehrere schwer unterscheidbare Arten.
Vorkommen: An *Thalictrum*-Arten (Wiesenraute).
Anmerkung: Eine andere Generation dieses Rostpilzes lebt an (je nach Pilzart verschiedenen) Gräsern, z. T. auch an Getreidearten.

Thymus Thymian

2 *Aceria thomasi*
Eriophyidae (Gallmilben)

Beschreibung: Blätter an den Spitzen nicht blühender Triebe etwas verkleinert, schopfig gehäuft und dicht weiß behaart. Fast das ganze Jahr über zu finden.
Vorkommen: An *Thymus*-Arten (Thymian), ziemlich häufig.

Tilia Linde

3 *Aceria lateannulatus*
Eriophyidae (Gallmilben)

Beschreibung: Blattoberseite mit meist zahlreichen keulenförmigen und nach oben verschmälerten, am Ende aber abgerundeten Gallen besetzt. Diese um 5 mm hoch, grün oder gelbbraun bis rot gefärbt.
Vorkommen: An *Tilia cordata* (Winterlinde), häufig.

4 *Eriophyes tiliae*
Eriophyidae (Gallmilben)

Beschreibung: Blattoberseite mit meist zahlreichen keulenförmigen, nach oben verschmälerten und am Ende zugespitzten Gallen besetzt. Diese kahl oder leicht behaart und 8–15 mm hoch, grün oder leuchtend rot gefärbt.
Vorkommen: An *Tilia platyphyllos* (Sommerlinde), häufig.
Anmerkung: An *Tilia x europaea,* der Kreuzug aus beiden heimischen Lindenarten, kommt sowohl diese als auch die vorangegangene Gallmilbe vor.

1

2

3

4

1 *Eriophyes exilis*

Eriophyidae (Gallmilben)

Beschreibung: Auf der Blattoberseite halbkugelige, 2-3 mm große Anschwellungen reihenweise in den Nervenwinkeln. Auf der Unterseite jeweils eine behaarte Verdickung mit zentraler Öffnung.
Vorkommen: An den beiden heimischen *Tilia*-Arten (Linden) und an nicht heimischen Arten dieser Gattung, ziemlich häufig.

3 *Eriophyes leiosoma*

Eriophyidae (Gallmilben)

Beschreibung: Haarfilz zwischen den Blattadern rundliche oder ovale Flecken bildend oder als Streifen entlang den Adern entwickelt, vorwiegend auf der Blattunterseite, seltener auch auf der Oberseite (**2a**). Färbung zunächst weiß oder rötlich, später braun.
Vorkommen: An verschiedenen *Tilia*-Arten (Linden), häufig.

1

2a

2b

2c

1 *Contarinia tiliarum*

Cecidomyiidae (Gallmücken)

Beschreibung: Harte kugelige bis eiförmige Anschwellung an Zweigen, Blattstielen, Blattrippen oder an Teilen des Blütenstandes, 2–15 mm im Durchmesser. Färbung grün, gelblich oder rot. Oft bilden mehrere dieser meist vielkammerigen Kugeln größere Komplexe. In jeder Kammer eine gelbe Mückenlarve.
Vorkommen: An verschiedenen *Tilia*-Arten (Linden), ziemlich häufig.

2 *Dasyneura tiliae*

Cecidomyiidae (Gallmücken)

Beschreibung: Blattrand auf etwa 1 cm Länge eng nach oben aufgerollt und knorpelig verdickt. Färbung dieser Rolle gelbgrün oder rot bis dunkel violett; daneben auf der Blattfläche meist weitere, ebenso gefärbte Flecke, die oft wie „Blutspritzer" aussehen. In der Blattrolle meist mehrere orangefarbene Mückenlarven; Gallen im Mai und Juni
Vorkommen: An verschiedenen *Tilia*-Arten (Linden), ziemlich häufig.

3 *Didymomyia tiliacea*

Cecidomyiidae (Gallmücken)

Beschreibung: Blattfläche zunächst mit meist mehreren kreisrunden Anschwellungen, die auf beiden Seiten fast halbkugelig, auf einer Seite, meist der Oberseite, aber etwas stärker hervortreten. Färbung in der Mitte grün, am Rand oft leuchtend rot. Schließlich grenzt sich an der weiter aufragenden Seite der mittlere Teil durch eine Ringfurche ab, färbt sich braun (**3b**) und schiebt sich nach und nach immer weiter wie ein Korken in die Höhe (**3c**), bis er sich ganz loslöst und zu Boden fällt. In dieser korkenartigen Innengalle befindet sich die weißliche oder hellgelbe Larve, die sich schließlich am Erdboden verpuppt. Nach dem Abfallen der Innengalle verbleibt am Blatt der ausgehöhlte Rest der Galle (**3a**, Bildmitte unten). Die Gallen entwickeln sich ab Juni und sind ab Juli reif; auch später im Jahr sind noch junge Gallen zu finden.
Vorkommen: An verschiedenen *Tilia*-Arten (Linden), ziemlich häufig.

1
2
3a
3b
3c

Tragopogon Bocksbart

1 *Aulacidea tragopogonis*

Cynipidae (Gallwespen)

Beschreibung: Unterer Stängelabschnitt oder Wurzelhals mit dickwandigen, ziemlich festen Anschwellungen, die oft zu mehreren zusammenfließen und dann z. T. bis etwa 5 cm große, zwiebelartige Komplexe an der Stängelbasis bilden. Im Innern zahlreiche 1–2 mm große Larvenkammern mit jeweils einer Wespenlarve. Gallen gelegentlich auch im Innern der Blütenköpfe, die dadurch verlängert erscheinen.
Vorkommen: An *Tragopogon pratensis* (Wiesen-Bocksbart), *T. dubius* (Großer Bocksbart) und anderen Arten der Gattung, ziemlich häufig, aber schwer zu finden.

Tussilago Huflattich

2 *Puccinia poarum*

Uredinales (Rostpilze)

Beschreibung: An der Blattunterseite runde, etwas verdickte und gelblich gefärbte Polster von etwa 5–10 mm Durchmesser, auf der Oberseite oft als leichte Einsenkungen erkennbar. Auf den Polstern becherförmige Sporenträger mit zerschlitztem Rand.
Vorkommen: An *Tussilago farfara* (Huflattich), häufig.
Anmerkung: Die anderen Generationen dieses Rostpilzes entwickeln sich an *Poa*-Arten (Rispengräser).

Ulmus Ulme

3 *Aceria brevipunctatus*

Eriophyidae (Gallmilben)

Beschreibung: Kugelige, gelbgrün gefärbte und bis etwa 2 mm große Beutelgallen auf der Blattoberseite, meist in größerer Zahl beieinander. Auf der Blattunterseite eine enge, behaarte Öffnung.
Vorkommen: An verschiedenen *Ulmus*-Arten (Ulmen), ziemlich häufig.

1

2

3

1 *Colopha compressa*

Aphidina (Blattläuse)

Beschreibung: Galle auf der Blattoberseite, seitlich abflacht, bis 10 mm hoch und am oberen Rand „hahnenkammförmig" gezähnt. Meist leuchtend rot, seltener gelblich gefärbt. Öffnet sich im Sommer an einer Schmalseite mit einem runden Loch, durch das sie von einer geflügelten Blattlausgeneration verlassen wird. Die Läuse fliegen zu *Carex*-Arten (Seggen), an deren Wurzeln eine Nachfolgegeneration saugt.
Vorkommen: Fast nur an *Ulmus laevis* (Flatterulme), sehr selten an anderen *Ulmus*-Arten.

2 *Eriosoma lanuginosum*

Aphidina (Blattläuse)

Beschreibung: Meist ein ganzes Blatt zu einer beutelförmigen, innen hohlen, 3–8 cm großen Blasengalle umgewandelt. Diese ist gelbgrün oder rötlich gefärbt und öffnet sich bei der Reife im Sommer durch einen unregelmäßigen Spalt. Die geflügelten Nachkommen der ursprünglichen Generation wandern zu *Pyrus communis* (Birne). Ihre Nachkommen wandern dort in den Boden und saugen an den Wurzeln. Nach mehreren Nachfolgegenerationen wandern wieder geflügelte Tiere zur Ulme zurück, wo Geschlechtstiere gebildet werden, von denen die Weibchen nach der Paarung jeweils nur ein Ei ablegen. Die daraus im nächsten Jahr schlüpfenden Läuse sind die Stammmütter der gallbildenden Blattlausgeneration.
Vorkommen: Vorwiegend an *Ulmus minor* (Feldulme), seltener auch an *U. glabra* (Bergulme).

3 *Eriosoma ancharlotteae*

Aphidina (Blattläuse)

Beschreibung: Blätter an den Triebspitzen in Längsrichtung tütenförmig zusammengerollt und knorpelig verdickt. Blattflächen mehr oder weniger stark entfärbt, Adern oft leuchtend rot.
Vorkommen: Vorwiegend an *Ulmus minor* (Feldulme), nicht selten.

1

2

3

1 *Eriosoma ulmi*

Aphidina (Blattläuse)

Beschreibung: Blätter quer zur Mittelrippe aufgerollt; im Bereich der Blattadern mit tiefen Furchen. Oberfläche stark wellig gerunzelt. Die Blattrollen werden im Frühsommer von einer geflügelten Blattlausgeneration verlassen, die zu *Ribes*-Arten (Johannisbeeren) abwandert, gelegentlich auch zu *Vitis vinifera* (Weinrebe). Ihre ungeflügelten Nachkommen saugen dort am Wurzelstock, bis eine wiederum geflügelte Nachfolgegeneration zum ersten Primärwirt zurückwandert, um dort eine Geschlechtsgeneration zu gebären. Deren Weibchen legen nach der Paarung überwinternde Dauereier ab.
Vorkommen: An *Ulmus glabra* (Bergulme) und *U. minor* (Feldulme), ziemlich häufig.

2 *Kaltenbachiella pallida*

Aphidina (Blattläuse)

Beschreibung: Auf der Mittelrippe meist nahe des Blattansatzes eine bis 15 mm lange und 10 mm breite, auch unterseits vorragende, kugelige oder etwas längliche Anschwellung. Mittelrippe an der Ansatzstelle meist deutlich geknickt, so dass das Blatt an dieser Stelle eingesenkt erscheint. Gallenwand dick und fest, fein filzig behaart. Färbung grünlichweiß, manchmal gerötet. Die Galle öffnet sich im Frühsommer mit einem großen, sternförmigen Loch (**2b**). Die abwandernde, geflügelte Blattlausgeneration fliegt zu verschiedenen Lippenblütlern, etwa zu *Mentha*- (Minze), *Stachys*- (Ziest) oder *Galeopsis*-Arten (Hohlzahn).
Vorkommen: An *Ulmus minor* (Feldulme) und *U. glabra* (Bergulme), nicht häufig.

1

2a

2b

1 *Tetraneura ulmi*

Aphidina (Blattläuse)

Beschreibung: Annähernd bohnenförmige, meist deutlich gestielte, unbehaarte Blasengallen auf der Blattoberseite, oft mehrere auf dem gleichen Blatt. Färbung grün oder gelblich. Blattfläche in der Umgebung der Gallen blasig angeschwollen. Die Gallen öffnen sich im Frühsommer durch einen Spalt im unteren Bereich des bohnenförmigen Abschnitts (**1a**, mittlere Galle) und entlassen geflügelte Blattläuse. Diese fliegen zu Gräsern, an denen sich die Nachfolgegenerationen entwickeln. Später sich entwickelnde, wieder geflügelte Tiere wandern zum Primärwirt zurück und erzeugen dort Geschlechtstiere. Die Weibchen legen dann nach der Paarung überwinternde Dauereier ab.
Vorkommen: An *Ulmus glabra* (Bergulme) und *U. minor* (Feldulme), häufig; wohl die häufigste gallbildende Blattlaus an Ulmen in Mitteleuropa.

2 *Tetraneurella alkinire*

Aphidina (Blattläuse)

Beschreibung: Gallen oft ähnlich denen der vorangegangenen Art, aber stets deutlich behaart. Form oft bohnenartig, aber oft auch schmäler und unregelmäßig, z. B. nach oben in ein einen langen Zipfel ausgezogen, der auch nach unten abgebogen sein kann (**2a**). Die aus den Blasengallen abwandernden geflügelten Tiere fliegen offenbar ebenfalls zu Gräsern.
Vorkommen: Vorwiegend an *Ulmus minor* (Feldulme), in Südeuropa und im südlichen Mitteleuropa bis nach Österreich und ins Elsass verbreitet, in Deutschland anscheinend (noch?) fehlend.

1a

1b

2a

2b

Urtica Brennnessel

1 *Puccinia urticata*
Uredinales (Rostpilze)

Beschreibung: Blattunterseite, Blattstiele oder Stängel mit halbkugeligen bis länglichen, oft leuchtend rot oder violett gefärbten, festen Anschwellungen. Auf der Oberfläche bald zahlreiche Becher mit sternförmig ausgebreiteten Öffnungen, in denen leuchtend gelbe Sporenmassen zu erkennen sind. Vorwiegend im Mai und Juni, vereinzelt bis in den August.
Vorkommen: Nicht selten an feuchten Orten an *Urtica dioica* (Große Brennnessel), selten an *U. urens* (Kleine Brennnessel).
Anmerkung: Der Pilz wechselt später zu verschiedenen *Carex*-Arten (Seggen).

2 *Dasyneura urticae*
Cecidomyiidae (Gallmücken)

Beschreibung: Vorwiegend an den Blattunterseiten entwickelte, 3–8 mm große Anschwellungen, die auch an Blattstielen und in den Blütenständen auftreten können. Oft zu mehreren zusammenfließend und dann manchmal größere Komplexe bildend. Oberseits mit spaltenförmigen Öffnungen. Im Innern weiß oder gelblich gefärbte Mückenlarven. Vom Sommer bis in den Herbst in zwei oder mehr Generationen.
Vorkommen: An *Urtica dioica* (Große Brennnessel) häufig, seltener an *U. urens* (Kleine Brennnessel).

Vaccinium Heidelbeere, Preiselbeere u. a.

3 *Exobasidium vaccinii*
Basidiomycetes (Ständerpilze)

Beschreibung: Blattfläche in unterschiedlichem Umfang etwas eingesenkt oder kissenartig emporgewölbt und unterseits angeschwollen. Oberseite gelblich bis leuchtend karminrot gefärbt, Unterseite später mit dem weißlichen Sporenlager bedeckt. Oft auch auf die Blütenstände übergreifend.
Vorkommen: An *Vaccinium vitis-ideae* (Preiselbeere), gebietsweise ziemlich häufig.

1

2

3

Vaccinium Heidelbeere, Preiselbeere u. a.

1 *Exobasidium expansum*

Basidiomycetes (Ständerpilze)

Beschreibung: Alle Blätter eines Zweiges etwas verdickt und gelblich oder rötlich gefärbt, der Zweig selbst dagegen wenig verändert.
Vorkommen: An *Vaccinium uliginosum* (Rauschbeere), vor allem in den Alpen.
Ähnlich: Eine ähnliche Gallbildung an *Vaccinium myrtillus* (Blaubeere) ruft der Ständerpilz *Exobasidium myrtilli* hervor.

2 *Exobasidium rostrupii*

Basidiomycetes (Ständerpilze)

Beschreibung: Einzelne Blätter etwas verdickt und Teile oder gesamte Fläche der Blattoberseite leuchtend rot gefärbt. Blattunterseite später mit weißlichem Sporenpulver.
Vorkommen: An *Vaccinium oxycoccus* (Moosbeere); ziemlich selten, aber sicher auch vielfach übersehen.

3 *Exobasidium juelianum*

Basidiomycetes (Ständerpilze)

Beschreibung: Endständige Zweigabschnitte mit Blättern und Blütenständen stark angeschwollen und rosa gefärbt; Blätter oft kleiner als normal.
Vorkommen: An *Vaccinium vitis-ideae* (Preiselbeere), stellenweise nicht selten.

1

2

3a

3b

Verbascum Königskerze

1 *Asphondylia verbasci*
Cecidomyiidae (Gallmücken)

Beschreibung: Blütenknospen blasig angeschwollen, sich nicht öffnend, 3–9 mm groß. Innen mit Pilzgeflecht ausgekleidet und mit meist nur einer gelblichen oder bräunlichen Mückenlarve im ebenfalls vergrößerten Fruchtknoten. Gallen von Juni bis September; Mücken in 2–3 Generationen pro Jahr.
Vorkommen: An verschiedenen *Verbascum*-Arten (Königskerzen), ziemlich häufig.

Veronica Ehrenpreis

2 *Jaapiella veronicae*
Cecidomyiidae (Gallmücken)

Beschreibung: Blätter an den Triebspitzen verdickt und zu einer zweiklappigen Tasche aneinander gelegt. Je nach Wirtsart wenig bis auffallend stark und z. T. lang weißwollig behaart. Im Innern orangerot gefärbte Mückenlarven. In mehreren Generationen von Mai bis in den Winter.
Vorkommen: Vor allem an *Veronica chamaedrys* (Gamander-Ehrenpreis), doch auch an anderen Arten der Gattung, ziemlich häufig.

3 *Gymnetron villosulum*
Curculionidae (Rüsselkäfer)

Beschreibung: Blüten durch starke Anschwellung des Fruchtknotens und unter Verlust der Blütenkrone und Staubgefäße zu einer kugeligen, bis 6 mm großen, fleischigen Galle umgewandelt. Färbung grün oder dunkel braunrot. Im Innern jeweils eine weiß oder gelblich gefärbte Rüsselkäferlarve (**3b**). Gallen von Juni bis September, Käfer (Abbildung siehe S. 20) ab Juli.
Vorkommen: An *Veronica anagallis-aquatica* (Bachbungen-Ehrenpreis) und anderen im Wasser wachsenden *Veronica*-Arten, ziemlich selten.

1

2

3a

3b

1 *Eriophyes viburni*

Eriophyidae (Gallmilben)

Beschreibung: Blätter mit meist zahlreichen annähernd halbkugeligen, etwa 3 mm großen Gallen vorwiegend auf der Oberseite. Diese fein samtartig behaart, zunächst grün, später rötlich oder braun. Unterseits mit einer haarigen Öffnung. Bei starkem Befall Blätter oft deutlich deformiert.
Vorkommen: An *Viburnum lantana* (Wolliger Schneeball), nicht selten.

2 *Contarinia viburnorum*

Cecidomyiidae (Gallmücken)

Beschreibung: Blütenknospen angeschwollen, sich nicht öffnend. Kelchblätter meist rot gefärbt. Im Innern 1–3 zunächst weiß, später gelb gefärbte Mückenlarven. Gallen im Mai und Juni.
Vorkommen: An *Viburnum lantana* (Wolliger Schneeball) und *V. opulus* (Gewöhnlicher Schneeball), häufig.
Ähnlich: Die normalerweise an Lonicera-Arten (Geißblatt) auftretende Gallmücke *Contarinia viburnorum* (siehe S. 120) kann auch an Viburnum auftreten und hier Gallen erzeugen, die sich nicht sicher von denen dieser Art unterscheiden lassen.

3 *Sackenomyia reaumurii (= Phlyctidobia solmsi)*

Cecidomyiidae (Gallmücken)

Beschreibung: Blätter mit meist zahlreichen rundlichen, 3–5 mm großen, linsenförmigen Gallen, die auf der Oberseite stärker gewölbt sind als unterseits. Oberfläche glatt und glänzend, zunächst grün gefärbt, später oberseits meist gerötet. Im Innern eine gelborange gefärbte Larve. Vom Mai/Juni bis in den Herbst zu finden.
Vorkommen: An *Viburnum lantana* (Wolliger Schneeball), häufig.

1

2

3

Vicia Wicke

1 *Dasyneura viciae*

Cecidomyiidae (Gallmücken)

Beschreibung: Fiederblätter etwas fleischig verdickt und hülsenartig nach oben gefaltet, oft rot gefärbt. Nicht selten auch Triebspitzen gestaucht und mit den Blättern knäuelig zusammengezogen. In den Hohlräumen zunächst weiß, später teilweise rot gefärbte Mückenlarven.
Vorkommen: An *Vicia sepium* (Zaunwicke) und den nächst verwandten *Vicia*-Arten.

2 *Contarinia craccae*

Cecidomyiidae (Gallmücken)

Beschreibung: Blütenknospen deutlich angeschwollen und sich nicht öffnend, bis 6 mm lang. Oft mehre Knospen eines Blütenstandes betroffen. Im Innern jeweils mehrere zunächst weiße, spätere orangegelbe Mückenlarven. Von Juli bis September in zwei Generationen.
Vorkommen: An *Vicia cracca* (Vogelwicke), nicht selten.

Viola Veilchen

3 *Dasyneura odoratae*

Cecidomyiidae (Gallmücken)

Beschreibung: Blattränder oft an beiden Blattseiten nach oben umgerollt, fleischig verdickt und dicht behaart. Im Innern der Blattrolle zahlreiche zunächst weiße, später orangegelbe Mückenlarven.
Vorkommen: An *Viola odorata* (Wohlriechendes Veilchen), nicht selten, vor allem in Gärten.
Ähnlich: An anderen *Viola*-Arten ähnlich geformte Gallen anderer Gallmückenarten.

1

2

3

Vitis Weinrebe

1 *Daktulosphaira vitifolia* Reblaus (= *Viteus vitifolii*)
Aphidina (Blattläuse)

Beschreibung: Blattunterseite mit meist zahlreichen, 3–7 mm großen, halbkugeligen Gallen mit meist runzliger Oberfläche. Diese sind deutlich behaart und grün oder gelblich bis leuchtend rot gefärbt und haben auf der Blattoberseite eine enge Öffnung. Im Innern gelb gefärbte Blattläuse (**1b**). Diese vermehren sich in mehreren Generationen rein parthenogenetisch in den Blattgallen, zusätzlich in zunehmender Individuenzahl an den Wurzeln der Wirtspflanze. Als Nachkommen der Wurzelläuse entstehen schließlich auch Geschlechtstiere, von denen die Weibchen nach der Paarung jeweils ein Dauerei in Rindenritzen ablegen. Daraus schlüpfen wieder Weibchen, die Blattgallen erzeugen.
Vorkommen: An *Vitis vinifera* (Weinrebe), vor allem in klimatisch begünstigten Gebieten meist häufig.
Anmerkung: Die aus Nordamerika eingeschleppte Reblaus richtete unter den europäischen Reben im 19 Jahrhundert verheerende Schäden an, da diese durch das Saugen an den Wurzeln z.T. großflächig abstarben. Erst nachdem man dazu übergegangen war, heimische Reben auf resistente amerikanische Unterlagen zu pfropfen, ließ sich das Rebensterben zurückdrängen.

2 *Eriophyes vitis*
Eriophyidae (Gallmilben)

Beschreibung: Blattunterseite mit zunächst weißen, später braunen Filzrasen, darin zahlreiche Gallmilben; oberseits mit leichten Emporwölbungen.
Vorkommen: An *Vitis vinifera* (Weinrebe), meist nicht selten.

Zea Mais

3 *Ustilago maydis* Beulenbrand
Basidiomycetes (Ständerpilze)

Beschreibung: Vor allem die Blüten- und Fruchtstände, daneben auch Teile der Stängel mit beulenartigen, bis etwa faustgroßen Anschwellungen. Diese zunächst weißgrau behäutet, bei der Reife aufplatzend und dann schwarze, staubförmige Sporenmassen freigebend.
Vorkommen: An *Zea mays* (Mais), häufig.
Anmerkung: Der an Maiskulturen oftmals sehr schädliche Pilz wurde im 19. Jahrhundert aus Nordamerika nach Deutschland eingeschleppt.

1a

1b

2

3

Literaturverzeichnis

Beiderbeck, R. u. I. Koevoet (1979): Pflanzengallen am Wegesrand. Franckh-Kosmos Verlag, Stuttgart.

Buhr, H. (1964): Bestimmungstabellen der Gallen an Pflanzen Mittel- und Nordeuropas. 2 Bände. G. Fischer Verlag, Jena.

Coulianos, C.-C. u. I. Holmasen (1991): Galler, En fälthandbok om gallbildningar pa vilda och odlade växter. Interpublishing, Stockholm, 317 pp.

Csóka, G. (1997): Gubacsok/Plant galls. Forest research Institute, Budapest, 161 pp.

Dauphin, P. u. J.-C. Aniotsbehere (1997): Les Galles de France. Mem. Soc. Linneenne Bordeaux Tome 2, 1–382.

Folliot, R. (1964): Contibution a l Étude de la Biologie des Cynipides Gallicoles (Hyménoptères, Cynipoidea). Ann. Sci. nat. Zoologie 12e Série, Tome VI, 407–564, Paris.

Hellrigl. K. (2004): Über Gallmilben, Gallmücken und gallenbildende Blattwespen: Nachträge zur Faunistik Südtirols. Forest Observer 1, 197–206, Bozen.

Hellrigl, K. (2008): Faunistik der Gallwespen von Südtirol-Trentino (Hymenoptera: Cynipoidea). Forest Observer 4, 3–247, Bozen.

Hellrigl, K. (2010): Pflanzengallen und Gallenkunde. Forest Observer 5, 207–328, Bozen.

Kopelke, J.-P. (1999): Gallenerzeugende Blattwespen Europas – Taxonomische Grundlagen, Biologie und Ökologie (Tenthredinidae: Nematinae: Euura, Phyllocolpa, Pontania). Courier Forschungsinstitut Senckenberg 212, 1–183, Frankfurt a.M.

Melika, G., Csóka G. u. J. Pujade-Villar (2000): Check-list of oak-Gall wasps of Hungary, with some taxonomic notes (Hymenoptera: Cynipidae, Cynipinae, Cynipini). Annales historic-naturales Musei nationalis hungarici 92, 265–296.

Nieves-Aldrey, J.L. (2001): Hymenoptera, Cynipidae. Fauna Iberica 16. Museo Nacional de Ciencias Naturales. CSIC. Madrid. 636 pp.

Pfützenreiter, F. u. H. Weidner (1958): Die Eichengallen im Naturschutzgebiet Favoritepark und ihre Bewohner.Veröff. Landesst. Naturschutz u. Landsch.-Pflege 26, 88–130, Ludwigsburg.

Redfern, M. (2011): Plant Galls. Collins Publishers, London.

Redfern, M. u. P. Shirley (2002): British Plant Galls. Field Studies 10, 207–531, Shrewsbury.

Roskam, H.C. (2009): W.M. Docters van Leeuwen, Gallenboek. KNNV Uitgeverij, Zeist, 4e druk.

Ross, H. u. H. Hedicke (1927): Pflanzengallen Mittel- und Nordeuropas. Gustav Fischer Verlag, Jena.

Skuhrava, M. u. V. Skuhravy (1973): Gallmücken und ihre Gallen auf Wildpflanzen, 2. Aufl. Neue Brehm Bücherei 314. Ziemsen Verlag, Wittenberg Lutherstadt.

Steffan, A.W. (1972): Unterordnung Aphidina, Blattläuse. In Schwenke, Die Forstschädlinge Europas, 1. Band. Parey Verlag, Hamburg und Berlin.

Wachmann, E., A. Melber u. J. Deckert (2006): Wanzen Band 1, Tierwelt Deutschlands 77. Verlag Goecke & Evers, Keltern.

Register

D

F

G

H

M

N

Q

T

W

X

Z